不安が希望に変わる！
ゼロ・リセットマジック

突破困境，
找回實現夢想的力量

零點場奇蹟

Kenji／著　劉淳／譯

前言

初次見面，我是Kenji。

我在Youtube上經營有「Kenji Spirit」與「Kenji Tarot」頻道，在Voicy則有「Kenji Radio」頻道。

我是在二〇一九年十月左右開始於Youtube上傳影片。

在「Kenji Spirit」這個頻道，我以長年無法實現夢想的自身真實經驗為依據，傳授「大幅改善現實的方法」。

我以前的夢想是當一名成功的演員，因此我一邊打工一邊學習演技，並持續十年以上使用從學生時代開始就很有興趣的潛意識、吸引力法則與心靈知識來進行意象訓練及自我暗示。這些事情我做得十分認真，之後為了賭一把自己的可能性，我去了好萊塢，一邊學習英語一邊接受試鏡。但到了最後還是無法成功。我對現實感到失望，放棄成為演員的夢想，在餐廳擔任服務生，普通地工作、普通地生活。直到有一天，改變人生的奇蹟突然降臨。

不過，其實每個人都能遇到這樣的奇蹟。

許多人都期待著「改變現實」「實現夢想」而不斷努力，卻因為無法實現心願而煩惱不已，我也是因此而掙扎了十年之久。

不過，我們其實只是弄錯了「實現夢想的順序」而已。

已經實現夢想的成功人士寫的書中會寫到他們輝煌的成功經歷與方法。其中，許多人都會參考著名的「潛意識」理論。相信「刻在潛意識中的念頭，總有一天會成為現實」，換句話說，人們常說「想法會變成現實」，但事實上真的是這樣嗎？

如果真的會「心想事成」，那只要大家都想著變得更幸福，這個心願應該就會實現。但事實上並非如此。即使我們心裡期待著「中樂透」，也不會實現。這又是為什麼呢？

事實上，這個理論存在著一個漏洞。不是「心中所想會變成現實」，而是「潛藏在思考深處的感受會變成現實」。

也就是說，當我們心中想著「心中所想就會實現，但我想的都沒有實現，這太不合理了」，我們心裡此時所感受到的是「不合理」帶來的不愉快，因此接下來就會遇到不愉快的事情。

還有，當我們心想「我都這麼努力了，為什麼事情還是不順利」，之後，「不順利」就會找上門來。

「心中所想會變成現實」這句話讓人很難想像，「情感會創造現實」就好懂多了。

不過，花了超過十年研究潛意識的我，卻一直沒有領悟這個簡單又深奧的真理。

當我們一直在使用自己並不理解的方法，當然無法成功實現夢想。但我們總是無法放棄，所以會嘗試尋找別的方法，參加討論會、更加努力，最後精疲力盡。

過去，我也因為挫折不斷而開始自我懷疑，喪失自信，疲累不已。

心中明明想著「我已經撐不下去了」，卻一再陷入「一定要努力」「一定要得到大家的認同」的負面迴圈。在這種精疲力盡、只差一點就要昏倒的狀態下，人是無法實現夢想的。我是在放棄成為演員，已經在當餐廳服務生時才發現這件事。

當我從「一定要成為成功的演員」這個束縛中獲得解放，就放下了肩上的重擔，逐漸有了能量，生活也愈來愈開心。

這時，不可思議的事發生了，一切都突然開始好轉。當我從失望的每一天中解脫，情感就愈來愈豐沛，開始了自由、平穩的生活，也得到了新的工作，收入更在一年半內成長到十倍以上。也就是說，潛藏在我們思考深處的感受會變成現實。當我體驗到這樣的奇蹟，才發現不管是誰，只要將自己擁有的能量回歸到零點（zero point），就能取回實現夢想的力量。

還有一件非常重要的事，就是「每天都要讓自己過得舒服」。

生活過得舒服，我們就能時常保持朝氣活力。

生活過得舒服，就會發生讓人快樂的事。

那些逼迫自己非努力不可的人聽到我這麼說，大概會問：「真的只要這樣就好嗎？」……事實上，是的。

只要這樣就夠了。

已經精疲力盡的你不須要再努力了。

感到疲憊時，先恢復自己的能量，讓自己過得舒舒服服。

學習、努力都是次要的。也就是說，過度努力的人其實都是弄錯了順序。

我從自己在Youtube上傳的影片內容與觀眾的意見，彙整出改變現實、實現夢想的方法。若你已經十分努力，現實卻沒有改變，但又無法放棄夢想，相信這本書一定能給你一些提示。

因為我自己就有許多不順利與挫折的經驗。

如同我在長年失敗之後發現真相一樣，

若各位能透過這本書發現「自己內心也有著力量」，我也同樣會感到喜悅。

【目錄】

第一章 創造舒適現實的十一個關鍵

第二章 最快回歸零點的二十八個方法

【Level 2】

【Level 3】

第三章 現實發生變化的十二個徵兆

第四章　進一步實現夢想的十個訣竅

COLUMN

01 確認情感與思考會帶來現實的問答題

❶ 寫下3個你想實現的夢想。

❷ 寫下實現這3個夢想需要的資源。
（技能、時間、條件都可以。）

❸ 當你在思考❷，你的感覺是什麼？

第一章

創造舒適現實的十一個關鍵

雖然很努力卻諸事不順。
這是因為你用了錯誤的方式努力。
令你感到煩惱的現實，
正是由你的思考與情感創造出來的。
不管我們如何努力正向思考，
只要心裡還有負面情緒，
就會帶來不盡如意的現實。

驅使我們採取行動的，
是一點點的顯意識和九〇%以上的潛意識。
想要改變現實，
就必須知道我們的情感會創造出現實，
了解潛意識的原理，
才會發現已經精疲力竭的自己不具備與現實
面對面的能量。
只要明白這一點，你就能輕鬆一些。

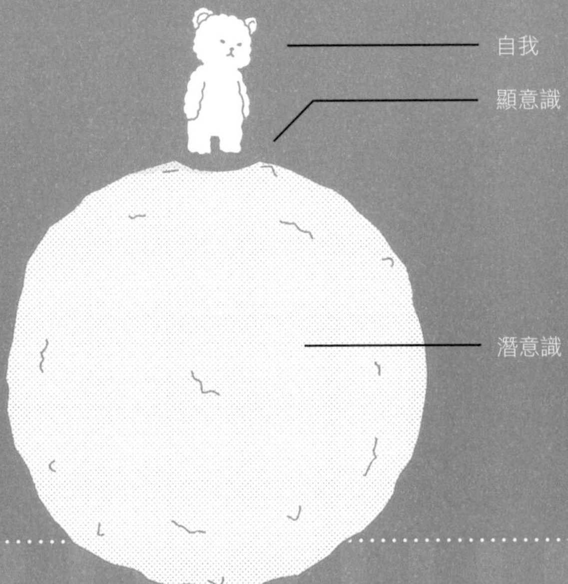

01.

「思考會成為現實」。這個認知就是你取回力量的第一步

為了改變現實，此前，我學過了「潛意識」與「吸引力法則」，在這些書籍中，全都有寫到「思考會成為現實」。

當時，我以為這指的是心中所想的事會成為現實，因此有一段時期，我每天都認真的「想像」一個「成為成功演員的自己」。不過，我的想像並沒有成為現實，於是我開始懷疑這個理論，一度不再相信它。

然而，在某個時間點，我才真正理解到「真心相信、感覺到的事物就會成為現實」這句話的意思。

舉例來說，心想「希望能成功」時，心底一定會有其他的感受，而我在這種時候感覺到的是「不滿足」。

之所以會有這種感受，是因為我知道現實是「現在的自己並不成功」。

也就是說，當我在顯意識想像「成功的自己」，心底卻不斷告訴潛意識「自己並不成功」。

結果，占整體意識九〇%以上的潛意識，就讓我的想法變成了現實。

人類擁有顯意識與潛意識。

顯意識是我們能夠察覺到的意識，包括邏輯性的思考、理性、知性、判斷力等等。

另一方面，潛意識則是平常無法察覺到的意識，包括情緒、感受、直覺、記憶、本能的欲望等等，占了意識的九〇～九十七%，具有極大的影響力。

舉例來說，當我們下定決心要減重，若是在自己無法察覺的潛意識中卻有「一定不會成功」的念頭，減重就絕對無法成功。因為刻在潛意識中的思考與情感會成為現實。

各位已經實現夢想了嗎？

如果你和過去的我一樣，嘗試用過各種方法努力卻無法如願，請充分理解「刻在潛意識中的思考與情緒會成為現實」，如此一來，才能夠思考「該怎麼解決眼前的現實問題」。

左頁是我回憶自己想當演員時寫下的答案，請各位參考這分問答，試著填寫第十六頁「確認情感與思考會帶來現實的問答題」。寫完之後，就會清楚呈現出夢想無法實現的原因，視野也會更加開闊。

確認情感與思考會帶來現實的問答題

問1. 寫下3個你想實現的夢想。

- 在好萊塢獲得成功
- 住豪宅
- 在國外生活

問2. 寫下實現這3個夢想需要的資源。
（技能、時間、條件都可以。）

- 獲得奧斯卡獎
- 找到經紀人
- 住在國外，學會英文

問3. 思考問題2時，你的感覺是什麼？

- 這種夢想不可能實現！

這就是我以前
寫下的夢想。
我對願望的感受
成為了現實。

02.

當你覺得為了實現夢想「一定要這麼做」，代表你確定自己不會成功。思考會成為現實

在前一頁填寫「確認情感與思考會帶來現實的問答題」後，相信各位已經明白，「努力實現夢想」和「知道夢想已經實現」這兩種狀態有著天壤之別。

當你的夢想已經實現了一點點，就能知道下一步要怎麼走。實現夢想必要的條件會愈來愈具體，能夠愉快地一步步前進。

另一方面，還在努力實現夢想的階段時，我們常常是懷抱著勞累、痛苦、不安等負面情緒在努力。

過去因無法實現夢想而痛苦掙扎時，我以為原因在於自己對潛意識和吸引力法則的認識不足，因此總是焦躁地拚命學習。

然而，不論我怎麼研究和實踐，夢想都

沒有實現，只有時間不斷流逝。

後來我終於發現自己的方法完全錯了。有一天，我試著填了前頁的問答題，這才發現我自己心底覺得這個夢想根本無法實現。

無論我們多努力在顯意識想像夢想實現以後的自己，潛意識卻認為「這種夢想根本不可能實現」，那它當然就不會實現。

明確得知夢想無法實現的理由之後，我就像重生一樣感到神清氣爽。

因為我相信，只要我不再像之前一樣，對自己的想法給出「不可能」的答案，而是相反的「沒問題」，夢想就可以實現了！

過去的我，心中有想要實現的夢想，但對自己沒有自信，因此下了苦功努力學習。相信很多人也都跟我一樣。

我們認為為了實現夢想而努力，是因為自己有所不足，如果不努力拚命，夢想就不會實現。

這時，刻在潛意識中的會是「感到不足的自己」「不努力就無法實現夢想的自己」，因此潛意識會讓你感受到的「夢想無法實現」成為現實。

所謂的「思考會成為現實」，其實是這個意思。

為了實現夢想而努力並不是壞事。不過，若你對於過去使用的方法心懷疑問，認為應該還有其他方向，這就是改變的機會。別再為了填補自己的不足而努力，讓我們先來改變思考方式。

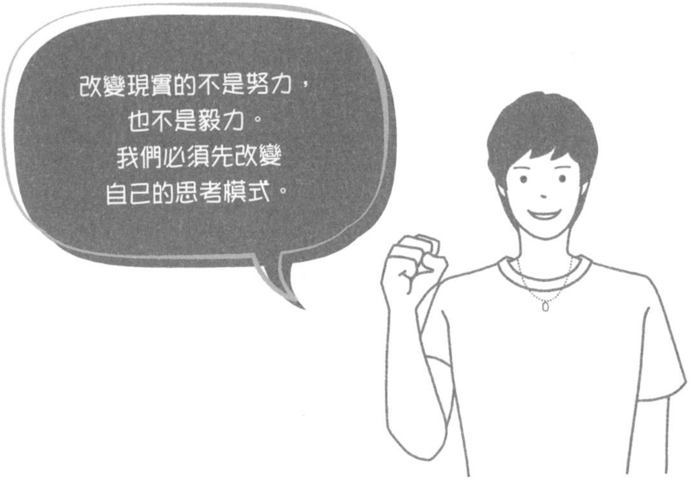
改變現實的不是努力，
也不是毅力。
我們必須先改變
自己的思考模式。

夢想不會實現的思考模式

必須為了實現夢想而努力
（思考）

↓

夢想真的會實現嗎？
（思考深層的感受）

↓

果然不會實現
（從一開始就相信會這樣）

夢想會實現的思考模式

開心過日子吧
（思考）

↓

夢想一定會實現
（思考深層的感受）

↓

果然會實現
（從一開始就相信會這樣）

03.

潛意識是什麼？只要了解它，就會比較容易改變現實

為了活下去，人都有保護自己的本能。職掌這種本能與相關欲求的就是潛意識。

除此之外，人還會觀察身邊的父母、兄弟姊妹、朋友、老師等人的行為並模仿，在環境的影響中建立自己的價值觀。

在價值觀形成的過程中，我們會從父母與社會大眾身上學到「這個不行」「那很危險」「穩定是最好的」的觀念，對自己從來沒經驗過的事物產生「討厭、做不到、危險、不該做」的觀感，遇到一次失敗或創傷就會出現「我不擅長、好恐怖、不想做」等偏見，這些都會累積在潛意識中。

相信每個人都有過這樣的經驗：平時都

沒有察覺，因緣際會才發現自己心中其實有一些令人意外的偏見。

舉例來說，我自己就有「變成有錢人很危險」的偏見，因此對金錢的觀感一直都是負面的。

我試著探索自己為什麼會有這樣的想法，結果發現我小時候父母就常說：「錢這種東西，就算有了也不會有什麼好事。」而我也信以為真。

想到這個偏見就是我長久以來跟金錢無緣的原因，實在有些感慨。不過，我也因此學到了很多東西，所以算是扯平了。

除此之外，我雖想成為一名成功的演員，但心裡也有一些障礙，也就是我「討厭人類」「不想把情緒顯露出來」。這些心結是來自我童年的經驗，在這種狀態下，我當然無法實現成為演員的夢想。

舉例來說，當我們嘴裡說著「想要幸福」，心裡卻想著「幸福很難」，這時，即使有人要我們「想像一下獲得幸福時的心情」，也可能完全想像不出來。有些人甚至會產生厭惡的情緒。

當你有想要實現的夢想，事情卻不順利，甚至產生了奇怪的情感，建議試著回想看看自己心裡是否存在有來自他人的偏見或心結。

父母、朋友說過的話，或是新聞報導……找到偏見的原因後，情緒就會隨之浮現。

人的價值觀是從每天的行動與體驗中產生出來的。我們的潛意識中累積有大量的記憶。

想要將潛意識中刻印的「幸福很難」改變成「幸福很簡單」，必須先發現自己心中有這樣的偏見，如果有原因就必須化解，而且每天都要去感受小小的幸福。

為何實際去感受很重要呢？因為潛意識會將「你的感受視為你下的訂單」。

創造現實是潛意識的功能，決定如何去感受的則是你的顯意識。理解這一點，人生的可能性就會更加寬廣。

顯意識的特徵

- 能做出邏輯性思考、判斷、決定
- 能判斷過去、現在、未來
- 能分辨自己與他人
- 能分辨現實與想像
- 相對於潛意識較有優勢
- 只擁有我們察覺到的資訊（記憶）

潛意識的特徵

- 相對於顯意識，較為被動
- 無法分辨過去、現在、未來
- 無法分辨自己與他人
- 無法分辨現實與想像
- 擁有我們無法察覺到的大量資訊（記憶）
- 會出現在口頭禪與行為習慣中

04.

帶著負面情緒是
無法實現夢想的，
因為你無法對潛意識說謊

舉例來說，認為「談戀愛很容易」「工作很容易」的人，不用花什麼力氣就能在愛情與工作上得到成果。但覺得「談戀愛很難」的人，就會一直難以戀愛。這種現象真的很不可思議。

它的原理是，認為事情很容易的人，心情是輕鬆的，因此潛意識會帶來讓人心情輕鬆的現實；認為事情很困難的人，心情是沉悶痛苦的，因此會如願得到令人心情沉重的現實。

最重要的是，當你心中想著「好想要男（女）朋友」，心情是正面還是負面的。這就是你的夢想是否會實現的關鍵。

希望夢想達成，
但抱持的是負面情緒

顯意識的願望	潛意識的解釋
想要幸福！	現在不幸福
想變有錢！	現在沒有錢
想要男（女）朋友！	現在沒有男（女）友，也沒有桃花
想在工作上獲得成功！	現在在工作上並未獲得認可

潛意識會將「你感覺到的事」當成你下的訂單，而不是「你說的事」。

潛意識對你下的訂單一定會說「YES」。如果話語背後隱藏著負面情緒，就會成為你下的訂單。

好想要男（女）朋友（但我現在「沒有」）：負面情緒

好想要男（女）朋友（未來「一定會有」）：正面情緒

若你的話語背後隱藏著負面情緒，情緒就會製造出現實，因此接下來會遇到很負面的事。

同樣地，就算想要「變得幸福」，嘴上說再多次「我很幸福，心懷感謝」，只要你的心裡感覺到負面情緒，夢想就不會實現。因為「謊言」對潛意識是沒有效果的。

這時，建議各位可以使用正向暗示法。正向暗示是一種對潛意識述說自己的期望，讓它逐步實現的方法，類似自我暗示。體育選手平時經常會使用這種方法想像自己在比賽中取勝。

我自己使用過的方法中，最有效的是在句子裡加上「愈來愈～」的正向暗示。

當「我會變幸福」這種斬釘截鐵的說法讓你的情緒產生波動，聽起來像謊話，可以把句子改成「我愈來愈幸福了」「我愈來愈有錢了」，這樣就不再是謊話，也不會造成情緒上的不一致，還能把「現實」與「理想」連接起來。

對於想要卻得不到的東西，渴求的負面情緒愈大，夢想就會離你愈來愈遠。請試著利用（愈來愈～）這個句型，巧妙地把你的願望傳達給潛意識。

05.

就算想法是正面的，只要情緒是負面的就沒有意義。注意一不小心就會掉入的思考陷阱

「正向思考比負面思考還有效幾百倍，但在睡前正向思考卻沒有什麼用，這是為什麼呢？」

這是某位觀眾在我的Youtube頻道留下的提問。其實，這也是一個很容易落入的思考陷阱。

睡前是白天使用的顯意識與睡眠中活躍的潛意識一起出現的時間，尤其是半夢半醒之間，是資訊特別容易進入潛意識的黃金時段。如果就這樣睡著，我們所想像的夢想就會順利進入潛意識，提升正向思考的效果。因為知道會有這樣的作用，於是努力在睡前正向思考，卻沒有效果，這確實很奇怪。不過，這是因為平常當我們沒有在正向思考，

情緒已經偏向「不滿足」，即使努力讓自己維持短暫的正向思考，但因為情緒在大部分時間中都偏向負面，因此還是無法順利許願。即使說出「想變成有錢人」的願望，只要心裡還有「做不到」的負面否定情緒，願望就無法傳達給潛意識。尤其是感到疲累時，即使努力正向思考，也還是容易感到不滿足，因而使負面情緒比正面更強。

「一定要做點什麼改變現實」

「雖然很累，還是要加油」

當你心中出現「一定要～」的念頭，就代表你已經開始感到焦躁。請試著每個小時都問自己「現在的情緒如何」，確認自己的感受。

確認自己的情緒時，可以藉由一點小技巧提升能量，例如看著能讓你感覺正向的護身符等等，那能夠幫助你淡化負面情緒。

積極嘗試正向暗示與意象訓練，是很棒的一件事。不過，最重要的還是「情緒」。

「潛藏在思考深處的情感會創造現實。」

請別忘了這句話。

也常有人問我：「正向暗示要做幾次？一次就會有效嗎？」這個問題也一樣，去數自己做了幾次是沒有意義的，要不斷重複進行到身體都習慣，直到潛意識也跟著改變為止。

最重要的是情緒。必須確認自己是用什麼樣的情緒在進行正向暗示，當負面情緒變強，就不要再勉強自己繼續，這也是很重要的判斷。

我在受困於負面情緒的迴圈時，也是只能做出表面很正向的思考，其實心裡深處一直覺得「做不到」。

這種情況完全是能量（力量）不足。這時不該繼續往前衝，而是應該先休息，將能量恢復到原本的「零點」狀態，才能取回健全的思考模式。

重要的不是假裝正向的思考，而是正向的情緒。

06.

焦躁擔心到坐立不安時，先暫停努力吧

潛意識會將你現在相信的事物，在未來轉變為現實。因此，只要你的想法還停留在「我想改變現在的現實，因此要為了改變而努力」，你就無法改變現實。

你明白其中的道理嗎？

這是因為「想改變現在的現實＝確信現實是無法改變的」。

當你愈是聚焦在不如己意的現實上，「不順利」的想法就會被強化，並刻在你的潛意識中。

因此，愈是拚命努力要改變現實的人，愈是無法實現。然後因為無法實現而更加努力，漸漸地想法愈來愈負面，不知不覺陷入負面的迴圈。

覺得自己一定要做些什麼而焦躁不已、坐立不安……當你進入這樣的狀態，就是危險訊號。

過去，我因為無法實現夢想而陷入負面迴圈時，光是在便利商店買杯咖啡都會自我否定：「現在是買咖啡的時候嗎！我應該有更重要的事情要做吧！」經常皺著眉頭，煩躁不已。每天都過著這樣的生活，當然只能迎來悲慘的現實。

那麼，到底該怎麼做呢？

請放下企圖改變的想法，除了工作以外，暫時先停下所有改變現實的行動。

許多人都認為，「放棄＝自己無法達成目標＝自己很爛」，但事實並非如此。

其實，不放棄就是在強化不順利的自己（情緒不會好轉），而放棄才是肯定眼前的現實（情緒會好轉）。

即使現實不如意，只要專注在現在你所擁有的、做得到的事，情緒就會好轉。當你的情緒變好，看待事物的角度就會改變，也更能享受現實。

當你能樂在現實，你的意識就能從現實沒有改變的「欠缺」，轉換到現實也很快樂的「充實」。

當你的意識能注意到自己「擁有」的事物，情緒就會好轉，整個人也會更有活力。

一旦感到精力充沛，就不再會想要改變現實，這是因為當你恢復了活力，在日常生活中感受到的情緒就不再是不足與不安，而是安心。

感覺到安心時，潛意識會「製造出令你更為安心的現實」，因此人生也會自然而然地好轉。

也就是說，放棄改變不如人意的現實，既不是逃避也不是失敗，而是改變現實的「鑰匙」。

希望各位都能先明白這個道理。

放棄
↓
專注於「現在擁有的事物」
↓
情緒變好
↓
現實改變

07.

不可以執著的是過程，弄錯這一步，夢想就很難實現

在實現願望的過程中，很多人都以為「不可以執著」。其實，我也曾有過這樣的時期。

所謂的執著，指的是「一心只想著一件事，滿腦子都是這件事」，這樣說起來，執著常給人負面的印象，事實上，在實現願望的過程中分別有「必須執著」與「不可以執著」的時候，一定要好好整理自己的思緒，別弄錯了。

首先，必須執著的是在你清楚刻劃出自己夢想的最初階段。這時如果你不執著，一切都不會改變。

具體描繪出你的願望（例如工作、結婚或未來的生活風格），達成之後你想獲得的

感受，到這個階段為止，你必須非常執著。

最重要的是，在實現願望之後，你想獲得的感受是什麼。舉例來說，你的願望是在工作上有所成就，那麼你想獲得的是幸福、優越感，或是對他人有所貢獻的充實感，這些感受愈是具體而深刻，就愈能對潛意識傳達你的願望。

反之，不可以執著的是實現願望的「過程」。

也就是說，不要堅持願望實現為止的正確步驟，例如一開始先實現這個、接下來再實現那個。這是因為，思考過程的是潛意識，當你自己去思考實現願望的過程，就會妨礙潛意識。

即使我們自己描繪出實現願望的過程，也很難讓一切都照想像的發生。這是因為潛意識會準備顯意識無法察覺，也無法想像的事情發展。

當你在顯意識明確釐清了自己的願望，也養成習慣想像願望實現時的感受，並傳達給潛意識，就把實現願望的過程交給潛意識吧。相對於顯意識，潛意識是被動的，這時潛意識會告訴你「知道了」，並創造出能讓你得到你所期待感受的現實。

潛意識對你下的訂單只會說「ＹＥＳ」。只要你將自己未來想要的感受告訴它，它一定會創造出讓你能夠產生那種感受的現實。請一定要記住這個潛意識的功用。

忘了潛意識的功用，或是不了解潛意識的功用而對實現願望的過程十分執著，就會有麻煩發生。

當事實不如顯意識的想像，我們就會產生「失敗了」「不順利」的負面情緒。我們應該對潛意識下的訂單，是願望實現時的感受。但當我們對於過程過度執著而覺得自己「失敗了」，潛意識就會以為你的訂單已經修改，而根據你新的感受（失敗了）去創造現實。

當你介入願望實現的過程，可能就會對潛意識的功用大踩煞車。弄錯了這點，就無法改變現實，所以請記得一定要信任潛意識。

明確釐清未來想要的感
受之後，就把願望實現
的過程交給潛意識。

08.

現實會不順利，是因為你的能量不足。重要的是，要讓自己回到「零點」重設

有許多人問我：「現實不順利時到底該怎麼辦？」

若是一切都不順利時，即使行動也不會有好結果，心中更不會有好的情緒。這時，我們會開始焦躁，覺得自己必須做些什麼，不僅睡不好覺，也不知道該怎麼辦。這種狀態真的很痛苦。

過去的我也有很長一段時間處於這種狀態。我很努力要實現成為演員的夢想，但前往好萊塢短期留學時，我開始感覺到不對勁，於是停下了追逐夢想的腳步。

身邊的人都露出一副「這傢伙完蛋了」的表情，我也精疲力盡，甚至冒出再過幾年就要結束人生的念頭。

這時，我將人生最後想做的事列了一分清單，花了一年慢慢體驗之前覺得「沒有意義，浪費時間」的電玩、旅遊與美食。

如此一來，我就從「一定要成功」的束縛中獲得解放，每天都過得十分安心，變得更有精神。過了一陣子，現實居然突然就往好的方向發展了。

當時，我發現了在能量太低時，不管怎麼努力，夢想都無法實現。

能量高時，心情會比較好，容易有新的想法，處事積極，一切都會很順利，實現夢想的能力也比較強。

能量太低時，心情不佳，沒有新的想法，陷入消極，也沒有實現夢想的意志。不擺脫這種狀態，夢想是無法實現的。

請看看下頁的圖，這是我在Youtube頻道談話時常常使用的圖片。

橫線的中央就是「零點」，這是每個人原本都有的能量狀態，也就是像孩童時候一樣精力充沛的狀態。這樣的狀態既不消極也不積極，沒有任何的心結與牛角尖，而是充滿力量的。

零點的左邊是負能量的消極區，右邊則是正能量的積極區。

兩者的能量之力，就像圖中的箭頭一樣是天壤之別。

現實不順利時，我們必須先注意到「一定要……」的束縛，讓能量先回到零點。當你發現「自己給自己帶來的負擔」，能量就會自然恢復。

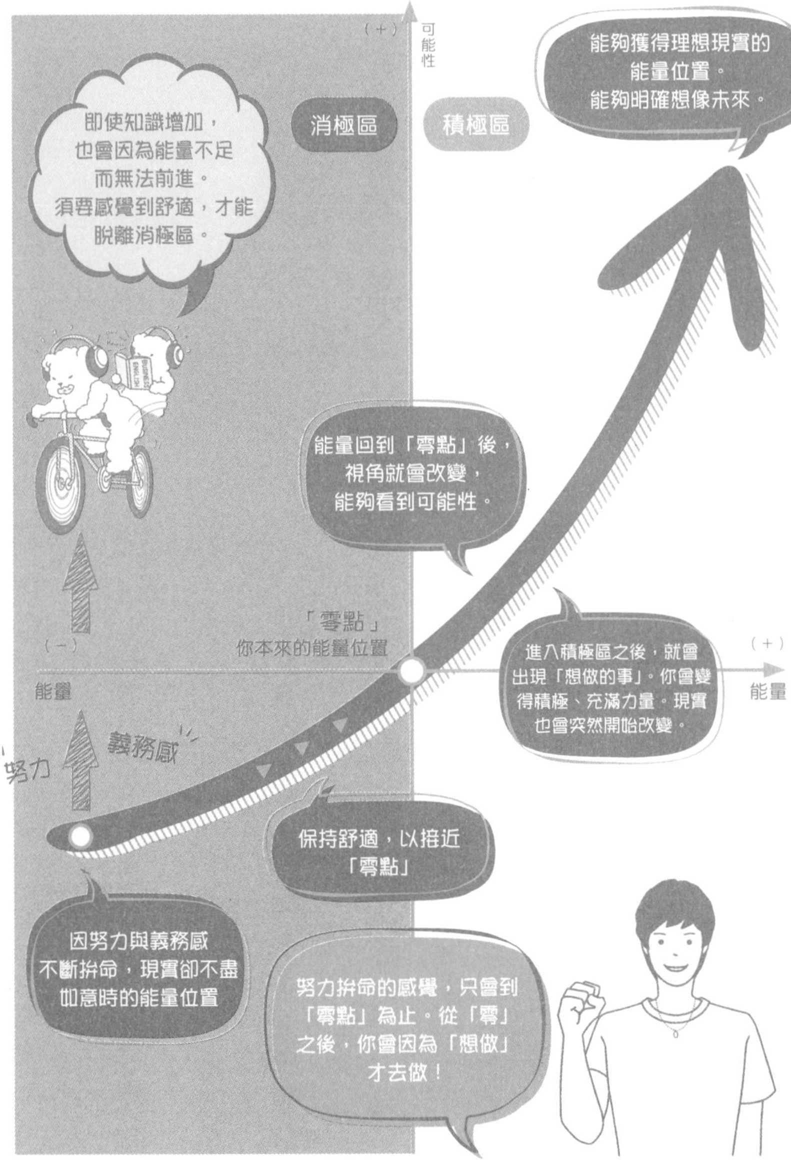
可能性
(+)
能夠獲得理想現實的
能量位置。
能夠明確想像未來。
消極區
積極區
即使知識增加，
也會因為能量不足
而無法前進。
須要感覺到舒適，才能
脫離消極區。
能量回到「零點」後，
視角就會改變，
能夠看到可能性。
「零點」
你本來的能量位置
(−)
能量
(+)
能量
進入積極區之後，就會
出現「想做的事」。你會變
得積極、充滿力量。現實
也會突然開始改變。
義務感
努力
保持舒適，以接近
「零點」
因努力與義務感
不斷拚命，現實卻不盡
如意時的能量位置
努力拚命的感覺，只會到
「零點」為止。從「零」
之後，你會因為「想做」
才去做！

09.

現實是過去的你一手打造的，與其堅持改變它，不如找回能量，專注於現在和未來

你了解自己現在的能量狀態嗎？

過去的我，困在負面的迴圈中，不但心中沒有情緒起伏，也因為筋疲力盡，無法掌握自己的狀態，導致過度拚命。

請看左頁圖，這張圖表現的是過去的自己會創造出現在的自己，以及積極區、消極區的能量狀態。

當我們位在積極區，意識會向著令人舒適的事物，能量會朝著自己期待的未來方向流動，目標與夢想也會跟著實現，像是乘上一段上升氣流。

相對地，當我們處在消極區內，因為執著於想要改變過去自己創造出的現實，能量朝向過去流動，就會被困在負面迴圈中，無法向未來前進。

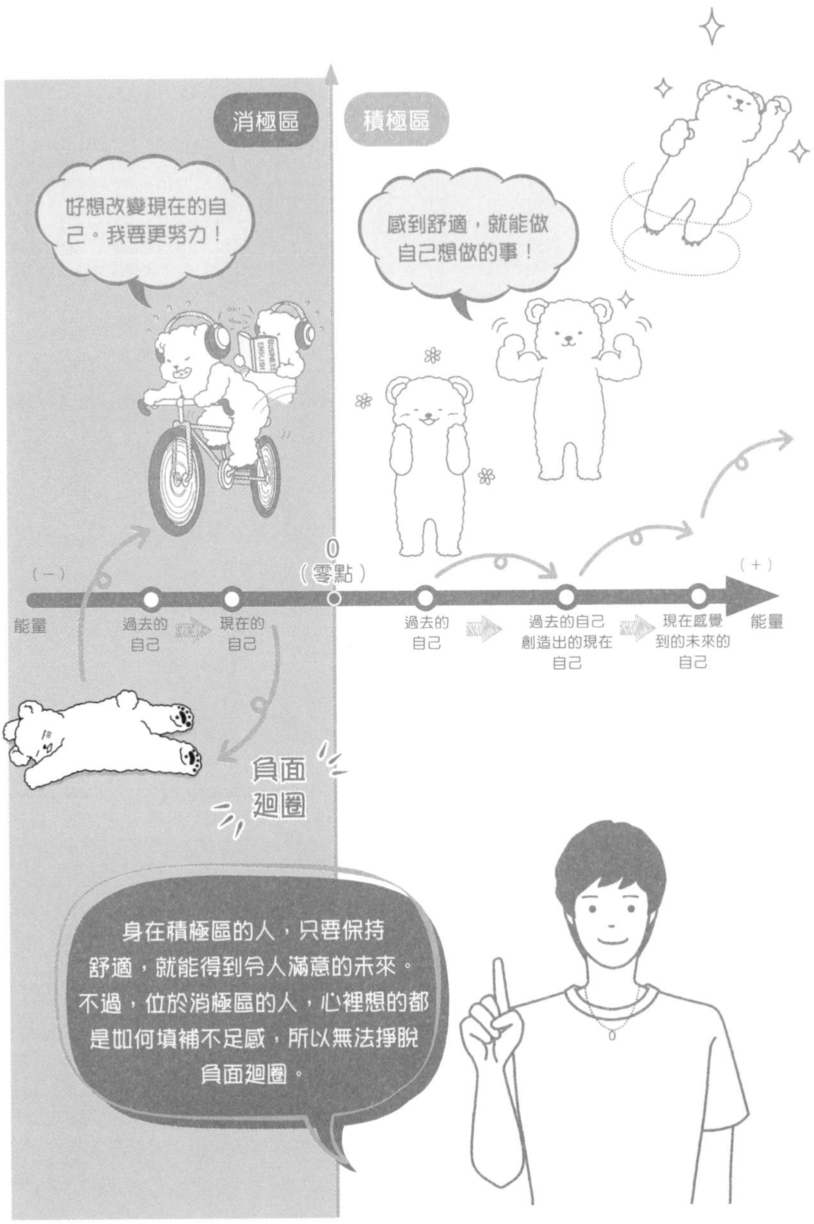
消極區
積極區
好想改變現在的自己。我要更努力！
感到舒適，就能做自己想做的事！
BUSINESS ENGLISH
0
（零點）
（－）
（＋）
能量
過去的自己
現在的自己
過去的自己
過去的自己創造出的現在自己
現在感覺到的未來的自己
能量
負面迴圈
身在積極區的人，只要保持舒適，就能得到令人滿意的未來。不過，位於消極區的人，心裡想的都是如何填補不足感，所以無法掙脫負面迴圈。

現在的自己是過去自己一手打造出來的。你不喜歡現在的自己或現實，因而大嘆一切都不順利，但過去製造出來的事物已經無法改變。因此，拚命想要改變現在的現實，只是在浪費時間而已。

當我們身處消極區，就會出現以下的特徵。

- 不斷出現「不順利」「或許沒辦法」「不會實現」等消極的想法。
- 沒有情感起伏，也沒有能量。
- 好幾年都無法掙脫負面迴圈。

若你符合其中幾項，請試著告訴自己，比起努力改變現實，不如放下重擔，讓能量回歸「零點」。如此一來，現實就會跟著改變。

當你放下「一定要～」的沉重想法之後，在日常生活中將意識放在自己喜歡的、舒服的事物上，就會充飽能量，心情也會變得愉快。

當你的能量回歸零點，內心的感受就會變舒適，潛意識與顯意識不再會起衝突，人生也會大為不同。

請一定要試試這個方法。

讓自己的能量回歸
「零點」最重要。

10.

改變現實最好的方法很簡單。只有過得舒適，誠實面對自己而已

我之所以無法實現當個成功演員的夢想，是因為我並沒有單純地對去做演員這分工作感到愉快，而是想藉由成功來獲得認可，想藉此填補心中的「不足感」。

我雖然隱隱約約察覺了這件事，卻執著於自己下的決定，無視自己的心情，一路追逐夢想。我不想認清現實，一直扮演著追逐夢想的自己，浪費了十年的光陰，付出了昂貴的代價。不過，就是因為有了這段失敗經驗，現在我才會寫下這本書。

我因為未能實現夢想而陷入負面迴圈，但在我放棄夢想，下定決心今後只做「開心的事情」之後，連之前做得悶悶不樂的餐廳

工作都變得令人開心，真的很不可思議。

也是從這個時候開始，我才在內心確定，之前閱讀的書籍與聽說的知識（思考深層的情感會創造出現實）都是真的。

讓現實大幅好轉的方法真的十分簡單。

首先，你要先發現自己正在焦躁不安的情緒中拚命「做些什麼改變現實」，接著改變方法，專注於自己喜歡的事、令自己感到舒適的事，每天都要過得舒舒服服。只要這樣就夠了。

不過，潛意識是很強悍的。

它會一直如影隨形，完全接收你說出口的抱怨、怒氣與悲傷。

它也會不斷確認你是否真的打從心底感到快樂，覺得舒適與滿足，是不是做了自己想做的事，或是因為沒有做而正在後悔。

要對付潛意識，只有一個方法，就是誠實面對自己的心情。

當你想看電影，即使工作很忙也要去看；想去主題樂園，即使只有一個人也要去；

有想吃的東西，即使有點遠也要去吃。

請盡可能地把想做的事情全都做一遍。好好感覺自己在做想做的事、舒服的事時獲得的滿足感。

一定要徹底去做，否則你的潛意識將無法感覺到「你已經滿足了」。

當你努力要改變現實，意識一定會集中在想要改變或不足的部分。即使有時間，你也會習慣去思考「一定要做些什麼」來彌補自己心中的不安。

不要看著自己的不足，你要看的是充足。不要反省過去，要活在「當下」。活得舒適，就是從根本改變自己的生活方式。

一旦你對「現在」感到滿足，美好的未來就會出現，足以讓你感受到你所期待的滿足。

感到迷惘時，就選擇
對自己來說舒適的
選項！

11.

人本來就能過得幸福，請以輕鬆愉快的心情嘗試挑戰

現實不如人意時，有些人會像過去的我一樣，試著用各種方法改變現狀。

不過，如果要嘗試，請一定要相信那個方法，也一定要對自己誠實。

當一個人學習了各種知識，滿腦子都是理論，就會對自己明明具備知識，現狀卻還是不如人意而感到生氣，甚至開始不看也不聽現實。以前的我就是這樣。

如此一來，就會因為看不到現實而無法前進，進入自己的世界裡，無法採取下一步行動。

當你忽視自己感受到的情緒，就會活化負面情緒，因而更注意自己不足的部分。

這時，請先停下來深呼吸。

我認為，不須要努力就可以改變現實的方法，就是讓能量回歸到「零點」。

「零點」的能量，是我們本來就擁有的能量，是小時候對事物感到新奇，精力充沛的那種能量。

當我們將因為人際關係或工作而耗竭的能量回歸零點，萬事就會開始順利運行，就像過去的我一樣。

這時候，最重要的是保持舒適的狀態。當你的意識穩定，現實就會慢慢開始改變。再重複一次，保持意識時，最重要的就是「舒適」。我們必須好好掌握對自己來說怎麼做會「舒適」，讓它成為你堅定的主軸。

當你度過舒適的每一天，令你感到舒適的現實就會到來。

當你對現在感到滿足，令你滿足的現實就會來到眼前。

當你有積極的想法，積極的現實就會出現。

當你過著愛著別人的每一天，被愛就會成為現實。

你所相信的、感覺到的事物就會成為現實。
因為人本來就擁有能獲得幸福所需的能量。
別為了拚命改變現實而使用能量，為了讓自己幸福，請把能量用於「現在」。

接下來要介紹的是最快速將現實變得舒適的方法。
現在就開始期待幾個月後自己的變化吧！

你的變化真是
讓人期待！
只要讓能量
回歸零點，
就一定沒問題！

COLUMN

02

找到專屬於自己舒適感的簡單問答題

❶ 寫出自己喜歡的、有興趣的事物，不限類別。

❷ 在❶的答案中選出光用想就能讓你心情愉悅的事物。

❸ 在❷的答案中選出三個能體驗（刺激五感）的事物，例如：咖啡、電影、音樂等。
（無法立刻得到的事物除外。）

第二章

最快回歸零點的二十八個方法

不管做什麼都不順利，
無法擺脫負面迴圈而感到痛苦，
這時，只要讓自己的能量回歸零點，
現實就會改變。
在第二章，將會分階段介紹回歸零點的具體方法。

回歸零點的方法
Level 1

零點

一開始的「Level 1」，是恢復能量，
找到自己的「舒適點」，
並打造軸心的重要階段。
按照步驟做到「Level 3」，
最快三個月就可以擺脫負面迴圈。

目標是回到
「零點」

01.

「做什麼都不順利！」只要改變觀點，憤怒的情緒也可以成為擺脫負面迴圈的能量

事情不順利時，我們會感覺到迷惘、煩惱、不安，最後心中還會出現憤怒。

「不管做什麼都不順利！為什麼只有我遇到這種事……」

「什麼都沒有改變！我才不該待在這種地方！」

許多人都告訴我，他們有這樣的煩惱。過去我無法實現成為演員的夢想時，也是一天到晚都在發怒。

我們現在的情緒與相信的事物會刻印在潛意識中，創造出現實，因此若是過著不滿與憤怒的生活，當然就會落入負面迴圈。不過，現在的現實是過去的你創造的，因此除了改變對事物的看法，基本上現實是無法改

變的。即使對它發怒，也沒有任何意義。

不過，若是能夠在自己心中消化憤怒的能量，就可以幫助我們掙脫負面的迴圈。因為，「憤怒」中隱藏著你的願望。

若你生氣的是「我不該待在這種地方」，請問問自己「我想做什麼？我想變成什麼樣的人，過什麼樣的生活？」

相信應該會得到一個你從來沒有想過的答案。

要先好好確認你前進的方向，以及目的地。

若你討厭現在的
生活，那你真正想做
的事是什麼？
你想變成怎樣的人，
過怎樣的生活？

02.

夢想沒有實現不是問題，你「現在」把重點放在「沒有實現」才是問題

有許多人都因為對現在感到不安，看不到未來，因此努力考取證照、參加創業講座。大家真的都很努力。

不過，不管再怎麼努力，如果你內心想的是「感到不安、無聊，才想要改變現在的自己」，對「現在」的自己充滿否定，同時感覺到厭惡，就會招致否定自我的現實。因此，現實不會有所改變。

現在，我想問你一個問題。

如果有人對你說：「請放棄你堅持的夢想，保持現在這樣就好。」你會有什麼想法？請對著鏡子回答。

你是否身體前傾，皺著眉頭，表情嚴肅？鏡子裡面的臉，是你「現在」的現實，

同時也是你的未來。

當你充滿了負面的情緒，能量也會是負的。不管怎麼努力，夢想都不會實現。請一定要先察覺自己的負面情緒。

夢想沒有實現不是問題，問題在於你把注意力集中於「現在」，執著於「沒有實現」這一點。在「現在」的現實中，我們必須注意積極的部分，才能將不如人意的現實轉變為你想要的未來。

03.

食物、服裝、書、電影……在日常生活中用「喜好」選擇一切，才能讓你過得舒適

從起床到就寢，須要做出選擇時，一定要以「喜歡」「舒適」為基準。要找到「自己的喜好」，別一股腦接受別人的推薦。這件事真的很重要，因為讓身心保持在舒適的狀態，就是讓現實好轉的關鍵。

困在負面迴圈裡，會讓人一直看到討厭的事物，尋找「喜好」的感受也變得遲鈍。我在放棄拍電影的夢想之後，有一陣子也是什麼喜好都沒有，就像一個空殼。後來，我找到的「喜好」是咖啡。

每天早上去工作之前，我都會先去便利商店喝一杯自己喜歡的咖啡。雖然這只是一件小事，但只要擁有十分鐘能喘口氣的時間，就能告訴自己今天也要加油。另外，我

還養成了習慣，晚上睡前會讀自己喜歡的書。只要想到「回家就能繼續看那本我喜歡的書」，即使在職場上遇到討厭的事，我還是能繼續努力。當我的注意力集中在喜歡的事物上，而不是不滿或憤怒，日常生活就因此而改變。

當你做完第六十四頁〈找到專屬於自己舒適感的簡單問答題〉後，請試著也實踐看看以下的方法，以增加你的「喜好」。

重複幾次以下的三步驟，你的喜好就會愈來愈多。了解自己的喜好與讓自己感到舒適的事物，也能幫助你更加了解自己。

步驟1

把自己喜歡的、有興趣的事物寫在筆記本上，每天都要有新增的事項。

步驟2

每週一次，選出你最喜歡的十項事物。

步驟3

每月一次，選出你最喜歡的三項事物。

04.

深入挖掘令你不舒服的事，只是在浪費能量。碰到不愉快的事，快點讓它過去就好

「工作不順利」「上司讓人煩躁」「沒有錢」……每天皺著眉頭煩惱，會讓你的思考愈來愈負面，愈來愈沉重，心情跟著下沉，能量也會朝著負面的方向發展。

即使如此還是想要改變現狀，所以就深入挖掘「討厭的事」，又想東想西，能量就會再度降低，狀況也會跟著惡化。這種狀況不斷重複發生，就會陷入「負面的無限迴圈」。

當你為了解決問題而學習、參加研討會，可能會因為心情轉變而感覺狀況似乎好轉了。

不過，如果自己的注意力和情緒一直都朝向著「討厭的事」，你的這分情感就會創造出現實，因此未來只會出現讓你討厭的

現實。

而且，在能量不足的狀態下是無法改變現實，也無法實現夢想的。

那麼，發生討厭的事情時，該怎麼應對呢？

請先深呼吸，在心裡告訴自己「它已經過去了」，忽略眼前的事實。這是因為現在你所看到的現實，是過去的你創造出來的。只要不對令人討厭的現實（過去的作品）有反應，能量就不會減少。

當你把注意力放在「喜歡的事物」上，心情就會好轉，感覺舒適的時間也會變多，這就是改變人生的鐵則。

在公司遇到討厭的事，就告訴自己「它已經過去了，等等來喝杯喜歡的咖啡」。主管挖苦你，你也要告訴自己「它已經過去了，等等回家就來看喜歡的漫畫」，把壞心情轉換掉。

若是你能夠這樣切換自己的注意力，就可以防止浪費能量，整個人也會變得愈來愈有精神。

05.

感到煩惱、迷惘時就乾脆地去睡覺，以恢復能量，重整情緒

曾有線上講座的學生找我商量，說自己「想東想西，所以睡不著」。

還有人問我：「我找不到自己喜歡些什麼，發生討厭的事時，也無法告訴自己『已經過去了』。問題堆積如山，我真的可以去睡覺嗎？」

許多人都無法察覺自己的身體正在發出哀號，捨不得花時間睡覺，拚命努力想自己解決問題。大家都很認真。

不過，想睡的時候還是要睡。「不可以睡」這種想法，在我們對現實感到焦慮時常常會出現。

想睡時就盡情地睡。想睡覺時就可以睡覺，是因為我們內心有著安心感，認為「睡

覺也沒關係」。

睡眠充足，身體會恢復活力，情緒也會跟著平靜下來。建議一天要擁有七~八小時的睡眠，好讓身體恢復能量。除此之外，也要好好吃飯。請確認自己有沒有做到基本的生活規範。

06.

困在負面迴圈裡的人，總是能量不足又缺氧。調整呼吸是讓人感到舒適的基本

前面提到讓現實好轉的關鍵，是「一直保持舒適的狀態」。出乎意料地，我們常常忘記一件事，亦即，保持舒適的基本條件，首先要注意的是呼吸。

心理與身體是會相互影響的，當我們的情緒起伏不定，呼吸也會跟著紊亂。感受到壓力時，呼吸會變淺，使得血液中的氧氣不足，甚至影響大腦與自律神經。

困在負面迴圈裡的人，總是能量不足又缺氧。因此，即使努力想做些什麼，也會很快感到疲憊，注意力無法持續，也容易感到心浮氣躁。

為了保持舒適，我們不能受到情緒左右，必須把注意力集中到自己渴求的事物

上，維持心平氣和。

慢慢呼吸，氧氣就會循環到全身，頭腦也會變清楚，在睡眠與放鬆時產生作用的副交感神經就會活性化，讓心情變得平靜，並緩解緊張。

早上起床後，先調整呼吸。感覺到疲憊或煩躁時，也要深呼吸以調整自己的狀態。

我每天早上喝自己喜愛的咖啡時，都會慢慢呼吸。一邊散步一邊深呼吸也很棒。請找到讓你感覺最舒適的習慣。

07.

調低自己拉高的「一定要努力」的標準，關注自己的充足感、滿足感而非不足

要恢復能量，除了必須增加自己的「喜好」與「舒適度」，還要把注意力放在「充足感」與「滿足感」上。

這是因為，困在負面迴圈裡的人，通常都是自己把標準設得很高，認真做事的努力型，因此常常會覺得「我必須完美」「不能有缺點」，打從一開始就一直在尋找自己的不足。

當你感覺到不足，相應的現實就會到來。為了避免發生這種情況，請先把你調高的標準降低一點。接著把注意力集中到「充足感」與「滿足感」，試著訓練自己改變看事情的觀點。

同樣是度過一天，覺得「今天沒做到這個，也沒做到那個」的人，和認為自己「今

天做到這些事」的人，這一天的充足感與滿足感是完全不同的。

看到公車開走時，別覺得「運氣好差」而感到沮喪，要想想「走路能減重，賺到了」，碰到各種情況時都可以試著改變自己的想法，久而久之就會成為一種習慣。

改變看事情的觀點以獲得「充足感」與「滿足感」，其實出乎意料地簡單。所謂的思考與情感會創造現實，就是這麼一回事。

08.

整理房間是最簡單的提昇運勢方法，打造舒適的空間，能量自然就會上升

也常有人問我：「整理房間能不能提昇運勢？」答案是YES。這是很理所當然的。

整理房間代表收拾不要的東西，丟掉自己的過去，也就是決定「活在當下」，表示你將要改變人生的信念。當這分決心刻在你的潛意識裡，現實就會慢慢產生變化。

每天都過得舒適，現實就會慢慢好轉，打造舒適的環境，能量自然就會上升，舒適的空間也會提升每天的充足感與滿足感。

不過，有些人就是不擅長整理。如果帶著抗拒的心態勉強整理房間，就會讓能量下降。在這裡要介紹兩個提昇運勢的整理方法，只要做到這兩點就夠了。

家中最重要的地方，就是運勢的通道，

也就是玄關。建議在玄關布置自己喜歡的燈具或是香氛，幫助重整心情，這樣即使在外面遇到不開心的事，也不會把情緒帶回家裡。我自己在玄關也放了最喜歡的咖啡豆。

除此之外，在客廳或寢室等會長時間使用到的空間中，請把最喜歡的東西放在最容易看到的位置。你喜歡的東西，就是產生負面情緒時能夠幫助你轉換心情的守護神。

整理房間是最簡單的
改善運勢法。首先就
從玄關開始。

09.

即使能量已恢復，若感到不安就不要行動。關注自己的理想，集中精神回到「零點」

實踐幫助恢復能量的〈Level 1〉到這裡，或許你已經感覺到自己脫離了低潮的谷底。

這時，或許你又會感覺到焦慮，想要早點實現夢想，想要改變自己，因此產生「該試著行動」「是不是該做些什麼」「一定要試試看」的想法。不過，這時候還不可以採取行動。

內心還有焦慮與不安時，請不要行動。我要再強調一次，現在你所感受到的情緒，就是未來現實的基礎。很多人之所以懷抱著「想要改變現實」的想法卻遭遇失敗，就是因為心裡有著不安卻採取行動，想要改變現在的現實，因此向外發起戰鬥。

現在的現實，是過去的你創造出來的，

因此基本上無法改變。勉強去改變它，只是在浪費能量。身心當然也會感到疲憊。只要你還把目標放在已經無法改變的現實（由過去的你一手創造），這場戰鬥就不會結束。你一定要徹底理解這個邏輯。

現在，請不要把注意力放在不順利的現實上，先聚焦在你的內心，把意識集中在舒適度，先讓自己回歸「零點」。當你的能量回歸「零點」之後，自然會想朝著正面的方向前進。在這個階段之前，請先把注意力集中在自己的內心。

現在的現實是過去自己創造的，不要勉強，先把注意力集中在內心。

能量稍微恢復，開始有元氣之後，
就開始進行〈Level 2〉吧！
請把在〈Level 1〉找到的「舒適」付諸行動。
每天早上喝一杯自己喜歡的咖啡，
聽聽喜歡的音樂……
從這些小小的習慣找回自己的舒適感，

零點

回歸零點的方法
Level 2

理解「言語」的力量，
讓心情舒適自然。
言語就是能量，
我們必須封鎖來自外界的惡言惡語，
有意識地讓潛意識聽到自己說的話。
只要做到這一點，你的心情就會改變，
運勢也會跟著上升。

10.

言語會創造未來。說人壞話或抱怨會招來壞事、讓能量下降，是NG的行為

言語代表人的信念，也是創造未來的關鍵。當我們一直說「做不到、不行、沒辦法」，就真的會發生這樣的現實。

過去當我做什麼都不順利，我會口無遮攔地說出「好火大」「我要揍人」，因而招致不如人意的現實。

為什麼會這樣呢？這是因為當聽到自己說出口的話，就如同對潛意識發出指令一樣。

言語以及現在的情緒，會創造出你自己的未來。因此，要小心壞話和牢騷，盡量不要說這些話。

舉例來說，請想像一下你在說公司同事、上司或朋友的壞話，這時你的注意力會放在過去發生過的「壞事」上，「負面情緒」也愈來愈高漲，還會想起一些相關的記

憶和情緒。

當你想要發洩情緒而開口說人壞話，其實只會引來其他的壞事，讓能量流向負面方向。就像自己舉辦了「負面工作坊」，特地讓自己落入絕望的深淵一樣。

當你覺得「那傢伙真令人生氣」，若能在最後加上「不過滿有趣的」等等正向詞句，會變成「那傢伙真令人生氣，不過滿有趣的」，就還算在安全範圍內。總之，盡量不要使用會引發壞事的言詞！萬一不小心用了，就要修正。這一點真的很重要。

不小心說了壞話，
趕快加上正向詞句，
把它變成肯定句！

11.

對自己不喜歡的意見點頭時，在心裡悄悄否認「但我不是這樣」，就不會陷入自我厭惡

即使我們不說別人的壞話，跟公司同事或朋友聊天時，偶爾也會被捲入負面的話題漩渦。

光是聽到壞話就會讓人產生不舒服的情緒，還必須給予回應，避免惹對方不開心。這種情況真的十分痛苦。

相信大家都有這樣的經驗：即使心裡並不是真的同意，還是對別人的意見給出肯定回應，或是不得不對上司說出違背自己心意的客套話，之後卻因為說了違心之論而陷入自我厭惡。

若一再發生這樣的情況，就會不斷陷入「因為對自己說謊而自我否定，再次引發了負面的現實」的窘境。

那到底該怎麼辦呢？人際關係必須好好呵護，因此我們很難不回應別人。不過，在附和之後，一定要在心裡告訴自己「但我不是這樣」。

「這樣啊，真不錯（但我不是這樣）。」

「這樣啊，真的很誇張（但我不是這樣）。」

也就是說，可以在心裡宣言「我不同意」。當你在內心有好好拒絕，就不會產生自我否定。若你不擅長處理人際關係，無法說出自己意見，建議試著在各種場合使用以下的方法。

附和對方，
說出客套話
感覺不舒服
開始自我否定
引來負面的現實

12.

利用「太棒了」「沒問題」等提高自我肯定感的話語來提高能量，改寫潛意識

如果自我否定會招來不愉快的現實，那麼只要自我肯定，應該就會引來愉快的現實。因此，我們必須積極利用提高自我肯定的詞句。

言語有著獨特的力量，當我們身心都能感覺到它的力量，就會充滿能量，現實也會開始改變。而且，言語的力量能夠直接傳達到潛意識，改變現實的速度很快。以下介紹兩句最棒的話。

第一句是「太棒了」。一般都是用在發生好事的時候，不過，其實在發生壞事時也可以使用。

舉例來說，在令人忍不住要說「太爛了」「糟糕」的時候，你也可以試著說說看

「太棒了」。如此一來，因為現在的狀態實在不適合這句話，你就會忍不住對說出「太棒了」的自己感到莞爾。這時，你就能夠冷靜客觀地面對眼前的糟糕狀態。

當你能對現實笑出來，就會發現，「現實能根據你的解釋而改變」。發現這件事就是前進了一大步。請養成常常說「太棒了」的習慣，進而提高自我肯定吧。

第二句是「沒問題」。因為沒有任何根據，因此在任何情況下使用也不會被顯意識否定，十分方便。而且光是說出「沒問題」就能給人安心感，讓人得以放鬆。

若你現在感覺到不安，請試著對自己說出「沒問題」。光是對自己說話，就能感覺到緊繃的肩膀放鬆，能量也會慢慢恢復。

13.

加上魔法詞「雖然我不太清楚」來實現願望，就會引發意想不到的奇蹟

想要實現夢想，內心深處卻覺得「太難了……」夢想就不會實現。你相信、感覺到的事物會成為現實，因此不會出現意料之外的奇蹟（心裡覺得很難，夢想卻實現了）。

這時，我試過最有效的方法，就是加上一句「雖然我不太清楚」，藉此向潛意識傳達自己的願望。

對於實際做出成果之前的過程，我們往往會做出做不到、太難了等等的判斷，不過，只要加上一句「雖然我不太清楚」，就可以把過程交給潛意識，能夠使用看不到的力量，也可以相信奇蹟。只要加上這句話，就能把希望發生的奇蹟當成「意料之內」。

「雖然我不太清楚會怎麼發生，但我會找到工作」「不太清楚為什麼，但我會中樂透」「不太清楚是怎麼發生的，但一年後我會結婚」……這是一句魔法詞，使用方法無限多。

潛意識無法實現**意料之外**的願望

（潛意識是被動的，如果顯意識覺得「沒辦法，做不到」，潛意識就無法違背顯意識下的訂單）

↓

為了讓想實現的願望成為「意料之內」，加上帶有**不確定因子的「雖然我不清楚」**，讓這個願望刻在潛意識裡

↓

願望在顯意識中成為**「意料之內」**

（在實現願望的過程中加上不確定因子，減弱「沒辦法，做不到」的感受）

↓

願望實現的**可能性**增加

↓

感覺到可能性之後，**能量**就會提升，

夢想實現的日子也會愈來愈近

14.

擁有一首能讓自己實現夢想的主題曲，提高情感與想像的強度，改變現實的速度會更快

聽音樂不但可以轉換心情，還能讓我們的情感與想像更加豐富強大。音樂是最強的工具。

運動選手會在上場比賽前聽自己喜歡的音樂，藉此集中精神，也是因為音樂可以提升自己的情感與想像。

因此，希望各位一定要試著選一首歌當自己的主題曲，幫助你實現夢想。重複聆聽這首歌曲，可以增強情感與想像，將你的夢想傳達到潛意識，加速改變現實的速度。

挑選主題曲的重點在於，它必須讓你想起自己的夢想，讓你「感受到將來想要的情感」。不過，即使是喜歡的歌曲，如果曲子本身會讓你感到悲傷或難過，就不要選它。

當你決定了自己的主題曲，請每天早晚各播放這首曲子一次，邊聽邊想像自己的夢想。

我在準備考大學時，有一年的時間是早晚都會一邊聽電影《洛基》的主題曲，一邊帶狗出門散步。聽這首曲子時，我會想像自己「考上了很高興」，幹勁也會變高，感覺自己充滿了鬥志。有一天在散步途中，我感覺自己的情緒高漲到超乎尋常，於是直覺自己一定會考上。當你想像的事物成功傳達到潛意識，它就會成為現實，所以請一定要持續這個習慣。

15.

嫉妒這種情感會讓願望落空。時常開心地想著「祝賀我自己」，就能為自己帶來幸福

在實現夢想的過程中，如果你心中有某種情緒，那夢想就絕對不可能實現。那就是嫉妒。

過去的我因為沒有發覺這件事，有很長一段時間，一邊追逐著「想成為演員」的夢想，心裡卻一邊嫉妒著那些成功的演員，還經常滿口抱怨。在這種狀況下，夢想當然是無法實現的。

這是因為，潛意識無法分辨現實與想像，當你的思考或情緒一再發生，潛意識就會把它當成你下的訂單，讓它成為現實。

也就是說，如果心中「為什麼那傢伙可以成功」這種嫉妒他人幸福的情緒，比「想成為演員」更為強烈，未來的現實就會充滿嫉妒。

情感太微弱
因此
不會實現
潛意識
想實現
自己的
夢想！
對別人的成功
感到不甘心
羨慕別人的生活
嫉妒、嫉妒、嫉妒
情感很強烈
因此會
成為現實
刻印在潛意識中最多的
情緒，就會成為現實。

這時，我們不該讓自己的能量朝向外界，不該嫉妒別人，而是應該讓能量集中在內心的夢想與舒適感。當別人得到你想要的事物，就是一個好機會。請想像你得到了自己想要的事物，好好祝賀自己。潛意識一定會實現你現在的感受，因此你身上就會發生值得祝賀的好事。

16.

模仿成功人士的外在與行動沒有意義，所以停止吧。重要的是內心與信念

改變言詞與行動，心情就會跟著轉變，能量也會發生改變。這麼說來，只要模仿成功人士的行動，就能接近成功了嗎？我知道有些人會這麼想，但事實並非如此。

所謂的行動，是來自那位人士獨有的信念。也就是說，只要信念不同，就算做出一樣的行動也不會有結果。每個人的信念基礎（相信的事物）都不同，即使模仿對方的行動，也沒有意義。

當你注意別人的行動等外在舉止，通常代表你內在的能量較低。

這時，請好好將焦點集中在你的內心，思考你想怎麼做，以重新找到屬於自己的舒適感。

接著，在日常生活中也加入自己的喜好，藉此提升能量。定期重新審視在第六十四頁完成的〈找到專屬於自己舒適感的簡單問答題〉中你填寫的喜好，或許會有一些新的發現。

當感覺到充足感、滿足感的時間增加，能量也會跟著提升，你的注意力就不會再向外發散。內心漸漸充實之後，你心中「想成為這樣的自己」的信念也會更加堅實。

行動是由個人的
真實＝信念引發出
來的。只模仿外在行動
並沒有意義。

17.

雖然書上都說「感恩會讓人生順利」，但無法發自內心感恩時，請不要勉強感謝

閱讀講述成功人生的書籍時，常會看到「感恩會讓人生順利」這句話。

當我們一再看到這樣的句子，就會培養出「感恩很重要」「不感恩，人生就不會順利」這樣的觀念。不過，我們不可以有「就感恩吧」「一定要感恩」的想法。

當我們產生「一定要～」的想法，注意力就會集中到不足、自我否定等情緒上，能量也會不斷消耗。如果沒有發現這個狀況，就會掉回負面的無限迴圈。

所謂的感恩，是「對於人或事物產生感謝的心情」，不是勉強「擠出來」的，而是自然從內心深處湧出。

當我們的能量漸漸回到零點，這時該做

的不是勉強擠出感恩，而是把注意力放在自己的舒適點上，盡量累積能做到的事。當你做得到這點，能量也回歸零點，就會自然湧出感謝的心情。

為了改變人生而認真努力的人，常會有「必須感恩」的心結。如果你現在也有這樣的想法，請先暫時放下「感恩」，把注意力集中到自己的喜好上。這應該能稍微加快讓現實改變的速度。

18.

只是小事也好，確認自己已經做到，並深信自己開始改變

〈Level 2〉進入了後半段，相信各位也大致恢復了活力，不過，應該還沒有發生較大的變化。這時候，你的心情或許又會開始躁動，會有「來看看這本書好了」「在Youtube上找找可以參考的影片」等想法。

這是因為，你的心裡還有不安與焦慮，懷疑「這樣下去真的沒問題嗎」「光是這樣就可以改變嗎」。

曾有人問我：「只要追求讓自己過得舒適，一切就會改變嗎？」我的答案是，比起為了填補不安與焦慮而行動，追求過得舒適確實比較有效。只要我們能保持舒適，令你感到舒適的現實就會到來。若是感到不安與

焦慮，就只會得到令人不安的現實。

請試著回想看看，把你每天為了「想變成這樣」「想要這樣的舒適」而實踐的小事寫出來。即使只是「每天早上喝咖啡」「睡前讀自己喜歡的書」也可以。只要你有做到，就能建立起改變現實的自信心。

如果你什麼都還沒做到，請沉穩地下定決心，從小事開始嘗試。

每天早上
喝咖啡
整理房間
在玄關放
喜歡的香氛
擁有充足的
睡眠

19.

開始新挑戰時，
寫出優點與缺點，整理自己的想法，
這樣會更容易踏出第一步

當我們開始做一件新的事，有時就是很難踏出第一步。這時，只要列出這次嘗試能得到的好處與壞處，思緒就會比較清晰，也比較容易做出判斷。

舉例說，當你煩惱是否該開始一件新工作，可以先把這件工作帶來的好處（收入增加、累積經驗）與壞處（自己的時間變少、責任很重）等等都寫出來。

若寫完之後，判斷接下這件工作對自己是加分，就不要遲疑、果斷行動。現在你所相信的事物，就會成為未來的現實。

不過，即使已經做了判斷，但卻把注意力放在「如果發生不好的狀況該怎麼辦」等負面方向（壞處），就會吸引到你懷疑的事物，煩惱也會愈來愈大，一切都將無法順利。

在開始之前就心懷恐懼，害怕「發生不好的狀況」，你的鑽牛角尖可能就會讓機會溜走。做了決定之後，就要把注意力放在期待的方向，而非不想要的事物上。等到真的發生狀況，再停下來思考就好。

好處

可以做喜歡的工作
收入增加
累積經驗

壞處

自己的時間變少
責任較重
通勤時間比以前更長

在〈Level 1〉中，
我們一邊恢復能量，
一邊找到讓你喜歡的、舒適的事物，
打造了自己的主軸。
在〈Level 2〉，
我們將自己找的舒適付諸行動，
讓人際關係也變得舒適。

回歸零點的方法
Level 3

零點

到了最後的〈Level 3〉，
還要進一步強化這分舒適感。
做自己喜歡的事，去體會這分感受。
扮演理想的自己，去體會這分感受。
藉由集中注意力，增強你的感受。
因為「情感會創造現實」，
只要你用自己想要的情感生活，
你所期待的人生就會到來。

能量回歸零點，就是這麼有活力

20.

想像自己實現了夢想，邊喊「好！」邊握緊拳頭，吸引夢想靠近

到了〈Level 3〉，你的情感應該會比只有負面情緒時豐富許多。當你經常能感覺到舒適以及想要實現的夢想，直覺也會變得更敏銳，能感覺到「這個夢想或許可以實現」。

當你能夠想像夢想實現，請一定要試著想像你已經實現了夢想，並握緊拳頭大喊一聲「好！」

潛意識無法分辨現實與想像，當你想像自己實現夢想，握緊拳頭大喊，潛意識會以為你真的已經實現了夢想。

附帶一提，我會在晚上躺在床上，聽著自己喜歡的音樂，高高舉起手臂握拳，大叫「好耶！」來提升能量。做完之後，我就能睡得很熟，隔天早上也能在能量高漲的狀態

下起床。

我之所以開始把這個動作加入晚上必做的功課，是因為過去在無法擺脫煩惱時，想到要用握拳這個姿勢來重振精神。實際嘗試之後，我發現在心裡轉個不停的煩惱一下子就停止了，而且還感覺十分振奮。這是我從來沒有過的經驗。

有些人或許覺得握拳這個姿勢很丟臉，請試著把它加入提升能量的每日功課中，它應該能幫助你更上一層樓，突破以往的限制。

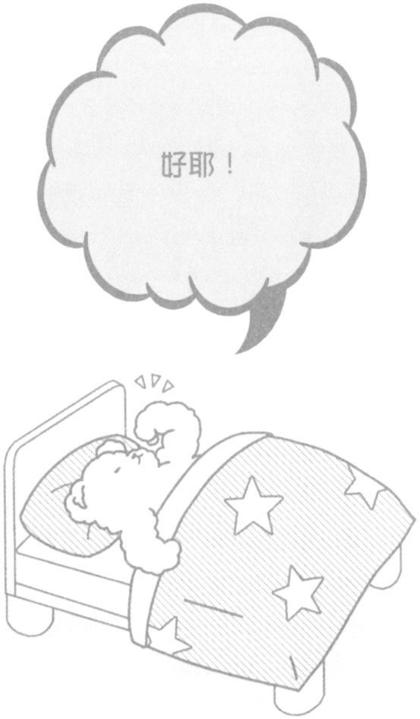

21.

不必克服缺點，有時缺點正是你的長處與才能。別鑽牛角尖，把它當成你的特色

出乎意料地，不少人心裡都會覺得「要實現夢想，就一定要克服這個缺點」。其實，過去的我也是這麼想的。

我想當演員，但我的思考很負面，討厭人類，也不喜歡出門。我認為這些個性都是缺點，一直想要克服，將近十年都陷在負面迴圈中無法自拔。

從我的個人經驗來說，各位完全不須要克服缺點。即使你自己認為它是缺點，或許從別人的眼光來看其實是優點，甚至是十分突出的才能。

當你的牛角尖鑽得厲害，就很難改變自己的觀點，但請別把它們當成你的缺點，而是當成「個性」來接受。當你能做到這點，

現實就會大幅度改變。我也是在接受自己的缺點，告訴自己「保持現在這樣就好」之後，生活突然變得十分輕鬆。

當我們把注意力放在自己的缺點上，就會產生「我有缺點所以不行」「我還不該採取行動」的想法。這麼一來，好不容易降低的標準又會提高，心情也會變得沉重，再次掉回負面迴圈。

在自己的能量回歸零點之前，不要有否定自我的念頭。做不到的事就不要勉強，這是鐵則。當能量回歸零點，你自然就會知道現在該做什麼。

請不要拚命克服
自己的缺點。我也是
花了近十年努力，
才了解這個道理。

22.

言語就是能量，使用正面詞句，能量就會改變，運勢也會大幅上升

言語是「言靈」，自古就有言語中帶有靈力的說法。它是從你內在發出的聲音，也是能量，具備改變運勢的力量。

「太棒了」「沒問題」「很好」「一切都會順利」等等正面詞句，都能幫助我們提升能量。

在聽到令人不愉快的言論時，為了驅趕負面情緒而說的「那又怎麼樣」「但我不是這樣」，還有給自己加油的輕鬆話語，也都算是正面的言語。

另一方面，負面言詞會讓我們的能量下降。之前也提到過，抱怨和壞話會讓能量下降，特別須要注意的是「做不到」「糟糕」「好累」等等容易在無意識間說出口的話。

在無意識間說出口，代表這句話與你的

意志無關，你的情緒會傳達到潛意識中。

「現在」的情感會創造未來的現實，因此，當你感覺到負面情緒，口中說著「做不到」，充滿困難的現實就會到來。明明狀況沒有那麼糟糕，卻老是喊「糟糕」，就真的會發生糟糕的現實。

除了避免因為別人的話語和負面新聞導致心情低落，我們還要經常注意自己說出口的言語和情感，慢慢改變說話用詞。注意到這一點後，運勢就會大幅度改變。

23.

別再勉強自己，別做讓你不舒服的事。騰出空間，就能容納新事物

蘋果創辦人賈伯斯說過：「不捨棄一些東西，人就無法前進。」確實如此，要開始做一件新的事，就要先丟掉一些舊東西，把空間騰出來。

我在想當演員的熱情消退之後，開始在餐廳工作，感到每天都過得舒適愉快之後，因為想跟大家分享而開設了Youtube頻道。不過我並沒有馬上辭掉餐廳的工作，直到Youtube的收入足以維持生活之後，我還是為了之後的退路而繼續兼職工作。同時進行兩分工作一年之後，我才感覺到必須騰出空間，否則無法繼續前進。

何時須要騰出空間前進？等時間到了你自然會知道。而這件事也是用舒適度來當判

斷基準。

當時間或心情失去從容，就著手騰出空間吧。如果有你不想做，卻必須一直做下去的事，請試著放手，讓自己過得從容舒適。

騰出空間之後，一定會出現新的事物。刻意騰出空間，也有和過去說再見的意思。當你丟棄過去執著的事物，以及讓你進入負面迴圈的想法，整理出空間之後，或許意想不到的禮物就會從天而降。

24.

努力很重要，但請丟棄「一定要努力」的想法，「輕鬆生活」才是主旨

許多人都認為要實現夢想、改變現實，成為一個成功的人，就「一定要努力」。

努力當然很重要。在讓能量回歸零點時，我們也必須努力認真地使用意志力。

不過，請不要在人生的每一個時刻都告訴自己「我一定要努力」。因為基於義務感而做的一切，都不會讓你感覺到舒適，而是感到沉重的不適。

要找到舒適感，就必須先讓自己的內心感覺輕鬆。當你感到輕鬆又愉快，令你舒適的每一天就會到來。

如果你一聽到「輕鬆生活」就有抗拒感，認為這樣「很懶惰」「不認真」，代表你心中還有「一定要更努力」的緊張與心結。

在運動與藝術的世界中，放鬆忘我才是最能發揮實力的狀態。感到緊張或心有雜念時，通常表現都不太好。人生也是一樣。

接下來，請把「輕鬆生活」當成人生的主題，當你的能量回歸到零點，自然就會出現想做的事。為了迎接那一刻，先搬開心裡沉重的石頭吧！

25.

別把時間花在不想要的事物上。只要集中精神在期望的事物上，生活的舒適度與能量就會提高

先前提過，我們必須避免因為別人的話語和負面新聞導致心情低落，不過，其實人也常常在無意識之間莫名想到討厭的事情。

你是不是也曾有過這樣的經驗呢？明明是難得的假日，卻關在家裡，滿腦子都在想討厭的工作或討厭的人，甚至開始自我反省「當時如果這麼說就好了」。這樣的行為不但不能讓你放鬆，還會引來負面事件。

其實，過去的我有很長一段時間都沒有發現這件事，每天一回到家就一一列出當天不順心的事，大肆抱怨一番。

抱怨結束後，雖然會感到短暫的輕鬆，但之後我會因為自己又忍不住抱怨而陷入自我厭惡，白白消耗能量。把時間花在不喜歡

的事情上，是這個世界上最無謂的事了。

所謂的舒適感，指的是在生活中把注意力放在你喜歡、想要的事物上。當你發現自己正在經歷一段你不喜歡的時間，請把注意力放在你的喜好上，主動切換到你想要、喜歡的事物上。養成這個習慣之後，能量就會一直上升。

注意力要放在你期待、想要的事物，而非不想要、不喜歡的事物上。這一點一定要時時謹記。

26.

努力設法實現夢想卻不順利時，或許是前進的方向有誤，先休息一下再重新開始！

許多人都對我說，他們試過〈Level 1～3〉之後，現實真的改變了。不過，也有人說他們試著努力實現夢想，卻還是不順利。

感覺到現實已經改變的，都是專注於自己的內心，不斷累積舒適感的人。

另一方面，感覺自己明明在努力，夢想卻沒有實現的，大多都是還把注意力放在外界，抱怨「一切都沒有改變」的人。

你的外在世界，也就是「過去的你創造出的現在」，基本上已經無法改變了。愈是努力要改變「現在」，「夢想無法實現」的阻礙只會變得更強大。所以請先停下來休息一陣子。

常有人覺得，「如果停止努力，夢想就

不會實現」，其實是相反的。因為現在的你有所不足，這種「如果…就會…」的想法，才會創造出你的現實。

我為了成為成功的演員，有足足十年的時間一直在努力改變外在世界，但現實完全沒有改變。後來，當我放掉成為演員的執著，也不再努力，重視自己的舒適感，開始在餐廳工作之後，每天都過得很快樂，自己的內在也很充實，能量都回來了，也重新找到想做的事（Youtube）。

當你的內在改變，外在世界也會產生變化。已經努力到現在了，請不要焦急，先休息一下，再重新出發。

27.

試著想像理想中的自己，預演夢想中的場景，只要將之刻入潛意識，它就會成為現實

擺脫負面迴圈，開始有活力之後，請試著想像你想成為的樣子。想像理想的自己，在日常生活中試著把它演出來。請參考第一二八頁〈扮演理想的自己，讓一切成為現實的練習〉，先決定你想變成什麼樣的人，設定理想的表情與反應，接著再決定理想的信念與思考方式。最後，請設定你理想中的一個場景。你可以用自己希望得到的感受為出發點，來想像你想要什麼樣的場景。

舉例來說，想和男友一起變得幸福時，就可以想像男友求婚那一天，還有當天你的行動與感受。想像下班以後去約會時你的情緒高漲、你走路的方式、和他見面時說的第一句話、他求婚後你怎麼回答、你感受到的

是什麼樣的幸福。最重要的是情感。潛意識無法分辨現實與想像，因此這個練習的目的是讓想像刻在潛意識裡，再讓它成為現實。

我的性格比較消極，為了成為個性開朗的人，我會設定並演出自己的性格。想要放鬆時，我還會常常預演「辭掉餐廳工作的那一天」。想像工作結束後，跟大家告別，打卡下班，臉上露出勝利的笑容踏上歸途。這時我會感到解脫，我的潛意識也會刻上這樣的情緒。

我不會斷言自己是因為做了這樣的練習，現在才能夠辭掉餐廳工作，成為自由工作者。不過，這個練習確實有它的效果。

而且，演戲可以讓我們的情感更加豐富，也可以幫助我們控制情緒。

28.

你會如何度過在現實發生變化之前的時滯？若能享受等待變化的時間，那就是最棒的

在實踐〈Level1～3〉之後，現實就會立刻改變嗎？其實並不會太快發生變化。

現在的現實是過去的你創造出來的，而現在的你創造的，是不遠的未來。兩者之間總是有著時間差。而且，每個人相信的方式不同，信念成型的速度也有差。你每天能夠有多少時間保持正向情感，也會影響現實變化的速度。

從內在開始產生變化，直到外在也開始改變，最快也要三個月。慢慢去做大概需要半年。視願望大小而定，如果是改變人生的大轉變，應該會花費一年以上。

重要的是，在能夠感覺到變化之前，要如何度過這段空白的時間。

一開始的變化會由內在開始，因此不太

會察覺到。有些人會在這個等不到改變的階段感到失望與挫折，其實我自己也是如此。

覺得「這種事情做了也沒意義」，中途受挫而改變方向，開始改變外在，但並不順利，所以又再度嘗試改變內在，卻沒有堅持到最後。就這樣，我花了快十年的時間，不斷重複這樣的過程，把自己弄得遍體鱗傷，最後決定把所有注意力放在內在世界後，才找到舒適感，成功改變一切。

直到真正體驗變化之前，知識都只是單純的知識。因此，即使中途受挫，也可以先停下來休息。不論何時，只要找回舒適感，你就有可能改變。

希望各位記得，「現在是過去的你創造的，現在你感覺到的一切就會創造出你的未來」。最重要的永遠是現在。希望你能好好享受這段等待變化發生的時間！

COLUMN

03
扮演理想的自己，讓一切成為現實的練習

❶ 決定你想變成什麼樣的人。
（什麼樣的性格、做什麼工作，盡量具體。）

❷ 決定你的信念與思考方式。
（先設定喜歡的一句話、喜歡的書，會比較容易想像。）

❸ 設定你喜歡的場景（早上起床時、用餐時、工作或約會時都可以），試著演出你當時的感受、行動與說話方式。

潛意識無法分辨現實與想像，因此想像有可能會變成現實！

第三章

現實發生變化的十二個徵兆

發生幸運的事
日常生活變得開心

能量需要一些時間，
才能回歸零點。

現在的自己會創造未來的你，
在不遠的未來，
你就會感覺到現實的改變。

沒有理解這一點而陷入焦躁，盲目行動，
會讓你再次落入負面的迴圈。

有了新的興趣
情緒開始高低起伏

變得有精神

遇到合得來的人

接下來，希望你可以知道，
有些徵兆代表現實即將改變。
在能量回歸零點的過程中，
會發生一些意料之外的變化。
好好接受這些變化，
每天就會過得更開心。
一開始你會先發現令人驚訝的內在變化。

變得積極正面

01.

在提高舒適度的階段出現了新興趣時，就是你的意識已經轉向自己渴求事物的訊號

若我們每天唉聲嘆氣，感覺一切都不順利、很無聊，這種情緒就會刻在潛意識裡，將來也只會有不順利、很無聊的現實。

當你停止嘆氣，發現自己的煩惱與執著，並開始追求每天生活過得舒適，你的內在就會一點一滴發生變化。

變化的徵兆之一，是你的興趣、嗜好發生改變。例如突然對新的事物產生興趣，或是過去的嗜好改變，突然討厭起以前喜歡的東西等等。

我自己的經驗是，我曾花費十年以上的時間，全心全意想要成為演員。但當我專注於自己內在的舒適之後，我就像變了一個人一樣，對電影和演員都不再有興趣。以前我

可以看一整晚的電影，現在卻連開頭五分鐘都看不下去。因為電影而認識的朋友聯絡我，我也跟對方無話可聊。

一開始我對這樣的改變也很吃驚，不過，「從內在開始發生變化」就是這麼一回事。你會變成全新的自己。

在我對電影與演員不再有興趣之後，讓我突然興味盎然的是以前曾經很喜歡過的漫畫《七龍珠》。閱讀漫畫《七龍珠》，拿起角色的模型，會讓我心情愉快，十分開心。

這樣的舒適感，是在我過去被困在負面迴圈時所完全無法體會到的。

所謂「零點」的能量，是我們本來就擁有的，像小時候一樣精力充沛的能量。有些人會像我一樣，找回小時候最歡欣雀躍的感受，也有些人會重新拾起出社會之後就放棄的興趣。

當你的興趣或嗜好突然改變，而且「感覺很舒服」，就證明「能量已經恢復」。新的興趣所在，也是在提示你將來能擁有舒適生活的方向。

每個人身上發生的變化都不一樣，過去我給過一些人建議，以下是他們身上出現的徵兆。

「對音樂與書籍的喜好改變。」

「喜歡的服飾改變了。」

「突然想要健走，就開始嘗試了。」

「以前喜歡拉麵，最近變得喜歡甜食。」

「想要在鄉下生活，於是搬家了。」

許多人都對自己身上突然出現的變化感到驚奇。

即使對你自己來說很意外，也請不要否定這樣的改變。相信大家都已經明白，如果產生厭惡的情緒，充滿這種感受的現實就會到來。

把注意力放在舒適的
事物上，你的內在就
會漸漸改變！

02.

現實沒有改變，但你不再在意無聊的日常與令人煩躁的人際關係，就是你內心已經進入不同階段的證據

原本一成不變的無聊日常生活開始變得愉快。這種變化也是能量慢慢恢復的徵兆。

不過，這時還不會感覺到興奮雀躍。比較接近因為自己的內在漸漸充實，即使工作無趣、職場上有令人生氣的上司或前輩，也能夠不在意。

我在放棄成為演員的夢想之後，也感覺到日常生活中的小事變得有趣了。

努力朝著演員這個目標努力的時期，我一邊在餐廳工作，閒暇時就看電影、練習台詞，參加戲劇工作坊，每天的生活十分忙碌。不過，若要問我感覺是否充實，我的答案是ＮＯ。

看電影的時候，我老是批評「這種演技

不行」，無法好好享受作品。參加戲劇工作坊，我也總是對自己的表現不滿意，覺得自己不如別人。直到睡前都悶悶不樂，覺得今天又是不順利的一天，隔天起床時心情依然很差。

當我扔掉了「一定要成為成功的演員」這個自己提高的標準之後，就擺脫了「不達成這個夢想就無法幸福」的束縛，真的鬆了一口氣。光是每天能夠安心生活，就讓我很開心。

解開束縛之後，我的想法也從之前的「餐廳工作只是副業，不是我的工作」轉變成「今天也有好多客人，真好」，並從中感覺到喜悅。真的十分不可思議。

之前的我，完全無法享受日常生活。然而，一個無法享受日常生活的人，是得不到幸福的。對我來說，這是很重要的發現。

03.

內在充實，你的氣質就會改變。若變得受人喜愛，就是現實漸漸變好的徵兆

人生大幅改變之前的變化，會從內在慢慢開始。不過，日常生活和外觀並不會立刻改變，出乎意料地，有很多人自己並沒有發現變化，是被身邊的人提醒後才發覺。

如果身邊的人對你說：「你最近變得比較開朗了。」代表之前的努力已經開始有了成果。

當我們處於負面迴圈中，就無法對別人敞開心扉，許多人會因此表情陰沉。

我自己以前也是，當我心裡想著「工作結束還要回家練習演戲，跟同事去喝酒只是浪費時間」，身邊的人應該也覺得我是個「總是面有難色，很無趣的傢伙」吧。

然而，當我放棄成為演員，生活較為從容之後，也開始能跟餐廳的同事正常交流。之後，同事對我說：「你最近變開朗也變有趣了。」我也漸漸獲得眾人的喜愛，被託付更多工作，不僅評價水漲船高，薪水也跟著變高。

當你敞開心扉，身邊的人也會對你打開心房。基本上，人際關係良好的人，心態都是較為開放的。正向思考的人身邊會聚集同樣是正向思考的人，負面思考的人也會吸引同樣負面思考的人。

這種傾向看似理所當然，但我能夠真正感受並了解，也是因為我自己實際體驗了人際關係的變化。

追求舒適生活，也能幫助我們建立舒適的人際關係。人際關係是讓人生比現在更好的基礎，十分重要。

04.

身邊的人會離開或是出現新朋友。人際關係改變代表你不僅內在發生變化，外在也開始改變

雖然說「人際關係很重要」，不過當我們內在的能量發生變化之後，外在的人際關係也會有所轉變。

當我們的能量是負的，就只會看見負面資訊與人。但當能量恢復後，與正面能量符合的資訊與人就會來到我們身邊，這就是「波動一致法則」。

舉例來說，當你發生變化之後，若公司裡有人與你的能量狀態不合，對方會突然辭職或調動，也可能是你會調動部門，或是改為遠距工作。

在私生活中也是一樣，有些人會跟你深入交往，有些人則會漸漸疏遠。也有可能和交往的另一半分手，或是對原本的單戀對象

不再有興趣。

這時，如果因為「已經在一起很久了，應該繼續交往」而勉強延續關係，或是明明想要分手，卻因為對方的堅持而沒有分開，都會讓你再次陷入負面迴圈。

有些人會離開，但你所期待的人會出現，重要的人也會留下來。能量發生變化時，要好好重視可以讓你保持舒適的人際關係。

這樣的關係，能夠幫助你大大改變人生。

05.

常常看到多個相同的數字就是「現在是關鍵時刻」「人生轉機」的幸運象徵，別放過這個好機會！

相同的數字指的是「999」「1111」這種同一個數字重複出現的情況。在生活中，看到相同數字的機率應該不高，如果看手錶時總是看到「11點11分」，發票上或交通票卡的餘額連續出現「777元」「7777元」，可能會受到驚嚇。

不過，一直看到多個相同的數字，其實是我們的能量（波動）產生變化，因此讓現實改變的徵兆。常有人用廣播調頻來比喻。調整頻道時，頻率會改變，因此會收到雜訊。這時的雜訊就與看到相同數字的異常現象類似。

我在努力成為演員卻因為不順利而感到煩惱的時期，從來沒有看到過相同的數字。

當時的我滿腦子都是自己的事，沒有餘力注意外界，即使旁邊有一台車牌是相同數字的車跑過，也不會注意到。

不過，當我的能量恢復之後，就開始一直看到相同的數字。

而且，在我知道自己想做什麼，卻無法採取行動，或是須要做出重大判斷時，就會不斷看到同一個數字重複出現，就像是在鼓勵我趕快行動一樣。

數字就是資訊。也就是說，經常看到相同的數字重複出現，代表「現在是關鍵時刻」「人生轉機」的訊息經過形式的轉變，出現在你眼前。

有些人會對數字的意涵有許多猜測，不過，與其把時間花在深入挖掘數字的意義，不如重新審視並調整自己的內心，思考「現在有沒有還沒做到的事，或是須要做出決斷的事」。

06.

改變生活方式，情緒起伏也會變大。這時也要去做讓自己感到舒適的行動

當你的內在發生變化，感興趣的對象當然也會改變。我過去對電影充滿熱情，突然失去這分熱情後，我也曾感到沮喪，心想「這就代表我也就到此為止了」。

如果當時就知道這種變化是「人生改變的徵兆」，或許我就能冷靜應對。不過，若一直沒有找到新的興趣，或許會開始感到不安，情緒的起伏也會變得激烈。

也有許多人遇到跟我一樣的狀況，因此前來找我諮詢。

「以前做的事現在沒興趣了。」

「失去熱情了，是不是代表我前進的方向不對？」

遇到這樣的問題時，我的建議是，「即使感到不安，請按照自己的興趣與舒適感繼

續行動。現實一定會改變。別為了填補不安或焦慮而覺得一定要做些什麼」。

覺得自己「一定要～」，是一種為了填補不足而產生的負面思考。做了這件事，會讓你再次回到負面迴圈。

情緒的起伏變得激烈，感到不安，是來自改變生活方式產生的反動。既然已經出現了迎向新人生的變化，就用閒適的心情耐心等待下一個轉變吧。

感覺就像在過去與未來之間擺盪，但不用擔心，這也是人生即將改變的徵兆。

07.

在日常生活中產生既視感，就是能量恢復的證明。或許二、三個月後就會發生奇蹟

一般來說，既視感指的是沒有實際經驗過的事物，卻有彷彿發生過的感受。不過，關於既視感有許多不同的說法，而心理學家佛洛伊德認為，既視感是我們無意識下做過的夢。

我們無法得知哪個說法才是正確的，不過，我自己是在感到能量恢復時，突然開始有既視感。

在餐廳看到某個人在說話時，我會覺得「這個場景好像在哪裡見過」，聽到別人說話，也會覺得「好像以前聽過」。同時，之前在聽到某個聲音時，也感覺一切都鮮明得好似我當時確實也在現場。

從前有過的感覺成為了現實。這種既視

感反覆發生幾次，你的身體就能理解「感覺到的事情會成為現實，潛意識會創造現實」。同時也會讓你相信，只要重視自己的感受，一定能夠改變人生。

開始感覺到既視感之後，又過了兩、三個月，我開始在Youtube上傳影片，人生也有了很大的改變。

感覺到既視感，或許是代表我們與潛意識的關係變得更加密切，也表示奇蹟就快要發生了。

08.

能量恢復後，想要的資訊與臨時收入就會出現。情報與金錢開始循環，人生也會開始往好的方向轉動

去一趟書店，就會看到想買的書；翻閱雜誌，就會看到想了解的資訊；和朋友聊天，也獲得了想要的訊息……當你在日常生活中遇到這樣的情況，代表能量已經回歸了大半。

當能量回歸到接近「零點」，或許就會發生資訊自己找上門來的情形。

我在放棄當演員，決定「成為訊息傳播者」之後，不論是在職場、和朋友吃飯或是上網時，都會從各種地方收到關於Youtube的資訊，簡直是被資訊追著跑。

做什麼都不順利時，會覺得自己「就是不行」，能量也因此下滑，因此不會注意到對自己有益的資訊。當你感覺到舒適，能量

也上升，想要的資訊就會從天而降，你也會知道「就是這個」。

也就是說，不用花時間就能取得你想要且真正需要的資訊，一切就是如此幸運。

除了資訊以外，收入也會到來。金錢就是能量。看看世界級的運動選手與創業家，會發現能量與收入、資產是正相關。

即使不是那個規模的資產，金錢也會向精力充沛的方向集中，因此能量上升時，會有臨時收入，例如獎金增加，或是中小額彩券、抽獎券等等。

像我這樣開始經營Youtube，收入隨之增加，也是案例之一。當資訊與金錢開始循環，就是人生開始往好的方向前進的徵兆。

09.

從負面思考轉為正向思考，就是時來運轉的一大徵兆

你是否曾經要求自己「一定要正向思考」「一定要積極」呢？

當能量回到接近「零點」，你就完全不會再有這樣的想法，思考會變得十分正面，甚至變得令人無法相信現在跟過去的自己是同一個人。

我過去在日常生活中無法找到樂趣，總是用否定的方式思考，因此對自己這樣的變化感到十分驚奇。

我竟然能變得這麼正向！簡直連我自己都忍不住想笑。

以前的我總是先看到一件事的壞處與缺點，現在的我可以同時看到好處與壞處，眼

界也變得更寬闊。

思考變得正向，眼界也變寬之後，臉部表情會變開朗，給人的感覺變輕鬆，個人形象也會產生變化。這種變化，也是漸入佳境的徵兆。人生的大變化就在眼前了。

從消極轉為積極！

- 一定要～ → **就這麼做吧、我想這麼做**
- 無法相信人 → **試著相信、可以相信**
- 做得到嗎？ → **一定做得到、想試試看**
- 開心嗎？ → **一定很開心！**

10.

能量恢復會帶來力量，也會讓你對事物產生興趣，進而想要挑戰

創造現實的是情感，也就是潛意識。當能量回歸，我們漸漸有了活力，讓你感受到自己擁有力量的現實也會到來。當你感到「想做些什麼」，就是這種現實即將到來的徵兆。

當我們腦中的想法是「差不多該有所行動了」「好像該做些什麼比較好」，且感到了迷惘，這種不安就會成為現實，因此這時還不能採取行動，因為能量還不足夠。

心中沒有迷惘，可以說出「好像很開心，很有趣，所以我想要~」的時候，即使只是一些小事，也可以試著開始付諸行動。

不過，切記不要對自己施加壓力，不要有「如果要做就不能失敗」「一定要有成果」之類的想法。

我還在餐廳工作時，開始感覺到心有餘力後，就產生了「想傳播資訊」的念頭。我想著「把自己擺脫負面迴圈的經驗寫出來，可能會很有趣」。而我一開始嘗試的方式是寫部落格。

其實，在開始寫部落格之前大約一年，我就創建了Youtube頻道。創立的契機是在演員朋友的聚會上，有人提到「在Youtube上演戲或許很有趣」，不過，當時的我覺得「很丟臉，而且可能會失敗」，因此遲遲沒有付諸行動。也就是說，當時我的能量還不足以開始新的挑戰。

後來我發現，不論想做什麼，都必須先讓自己的能量回歸「零點」，因此約有一年的時間，我都在用本書第二章介紹的「讓自己專注於舒適」的方法，一邊嘗試一邊實踐，同時也繼續在餐廳工作。

如果當時沒有在餐廳發現每天的工作中也有樂趣，現在的我應該還在負面迴圈中不斷繞圈圈。也就是說，我們必須按部就班把該做的事情好好做完。

話題回到我最初嘗試創作的部落格。

第一個部落格，我只寫了三個月就放棄。之後我還做了網站，也試著寫過介紹塔羅牌的部落格，但都沒有什麼成果。因為我先想了「這麼做應該會順利」，忘了自己的舒適感。

接著，我重新整理了自己的心情，告訴自己：「一個月只要有五萬日圓就是不錯的副業收入，而且我還有餐廳的工作，不必成功也沒關係，總之享受它吧！」接著再開始在Youtube上傳影片。不可思議的是，這次馬上就有了成果。第一個開設的頻道在三個月後就有一千人訂閱，也開始接到廣告，真的成為了我的工作之一。

我過上了舒適的生活，找到想做的事，工作做得開心，也有了收入。但之所以能實現這一切，並不是因為我很特別。

當能量回歸零點，每個人都能找到適合自己的工作與歸宿。

想挑戰新事物！

11.

對環境感覺到有不協調，就是進入下一階段的徵兆，代表你可以做出行動去追尋新的舞台

Youtube的工作上了軌道，收入也增加不少之後，我還是繼續在餐廳工作。

當我開始追求讓自己過得舒適，工作就變得開心，我變得積極正向，薪水變高了，也晉升到接近店長的職務。我心裡覺得，繼續維持這個狀態好像也沒問題。

不過，這種「因為很舒服，繼續在餐廳努力工作吧」的心情，終於轉變成「雖然開心，但還是有什麼不對勁」，也讓我下定決心「嘗試挑戰新事物」。

判斷基準還是自己的舒適度。別因為「討厭工作、公司和人際關係」這種對外界的不滿而離職。當你重視自己的舒適度，自然而然就會看到答案。

當你感到興奮雀躍，心中有了「想在其他環境試試看」的想法，代表你已經來到新的階段。請把它當成「現在該採取行動」的信號。

不過，人類的大腦不喜歡變化。為了保護我們，潛意識會認為不要做多餘的事情才是最安全的。

因此，即使我們內心知道該採取行動，仍然會感到迷惘。會給自己尋找看似合理的藉口，例如「不想離開同事」「如果我不在了大家會很困擾」，拖延做出判斷的時間。

這時，請再一次傾聽自己的心聲，確認什麼樣的判斷會讓你最舒適。如果對自己說謊，這個謊言就會刻在潛意識裡，或許還會讓你回到充滿迷惘與煩惱的現實中，請一定要小心。

12.

內在大幅變化，會讓你產生自信。每天都過得舒適證明你已經回到「零點」

當你的能量回到「零點」，聽起來好像可以就此過著雀躍歡欣的生活，不過，我自己的狀況其實是日子過得很平穩。

我不再有以前那種「想成功」的匱乏感，肩上的重擔也變輕了，不知道為什麼每天都覺得很開心又滿足。這種自然而然放鬆的狀態，就是「回到零點」會有的感受。

Youtube的觀眾也給了我許多回饋，包括「從負面迴圈掙脫，消除了一切煩惱」「找到想做的事」「現實發生了一百八十度的改變」等等，其中最多的就是「每天的生活變得更舒適了」。

注意自己的舒適度，讓能量回歸「零點」，舒適的人生就會到來。即使偶爾會感到沮喪，只要能量回到「零點」，一切就沒問題。

只要對自己的心誠實，人生就會順利！

COLUMN

04

破解心結的簡單問答題

❶ 如果人生只剩下90天，你想做什麼？請寫下10件你想做的事。

❷ 如果人生只剩下90天，你想跟誰一起過？

❸ 有哪些事物會阻礙你實現10個夢想？

第四章

進一步實現夢想的十個訣竅

當你的能量回到「零點」，
吸引的事物就會改變，
也會更容易獲得渴求的目標。
保持這種能量，
盡量讓每天過得舒適，
不要焦急，從容前進吧。
第四章將介紹實現夢想的「夢想筆記」、

改變現實的晨間與夜晚習慣、
還有增加收入的秘訣。
每一個方法我都親自實踐過，確實有效。
在我的Youtube頻道也受到許多觀眾支持。
持續使用這些方法，現實就會改變。
每一個都很簡單就能做到，
希望各位能夠試試看。

01.

設定剩下的時間，夢想就會自動出現。現在最真實的情緒會成為現實

你或許覺得自己做什麼都不順利，光是要度過每一天都精疲力盡，根本無法有什麼夢想。

不過，正是在這種時候，擁有夢想會成為你改變現實的力量。現在與眼前的現實爭鬥，什麼也無法改變。不過，你集中注意力感覺到的情感，一定會在未來成為現實。

我在放棄長年灌注熱情的演員夢之後，也有一段時間找不到下一個夢想。在我心想不能這樣下去時，有一句話一百八十度地扭轉了我的想法。

「如果九十天後你的人生就要結束，在那之前你想做什麼？」

你現在的感受將成為現實，這句話的意思是，在你內心覺得「最真實」的事物將會

成為現實。

我問自己這個問題時發現，我只是把夢想當成單純的「夢」而不斷推遲它，我深信它根本還沒有出現。

如果你現在沒有夢想，未來當然也不會有。如果你覺得自己「光是忙眼前的事情就筋疲力盡，根本沒有夢想」，請一定要試著填寫第一六〇頁〈破解心結的簡單問答題〉。

當你假設自己剩下的時間已經不多，夢想就會自然而然出現。當你發現自己的心結，心底就會出現想要實現夢想的想法。這樣的感受，就是改變現實的力量。

02.

藉由忽視現實，找到並實現你真正夢想的「夢想筆記」製作法

常有人說，「把願望寫在紙上就會實現」，藉由書寫，可以讓意圖更加明確，動手寫下來還可以讓我們能容易想像它，讓它更有真實感，更容易刻在潛意識裡。

我以前也沒有寫「夢想筆記」的習慣，直到某天，我有了一個非常想實現的夢想，於是整整三個月每天都把它寫在筆記上。過了一年，我翻閱那本被我遺忘的筆記，才發現夢想已經實現了大半。之後，「夢想筆記」就成為我每天必做的功課。

你需要的只有筆記本和筆。只要有十分鐘左右的時間，每個人隨時都可以開始寫夢想筆記。請一定要嘗試看看。以下是我寫「夢想筆記」時會注意的幾個重點。

① 寫夢想時，要「從未來寫到現在」

在筆記本上寫夢想時，必須忽視現實。寫的時候要「從未來寫到現在」，這一點很重要。

「夢想筆記」的寫法

最棒的未來

充滿幸福

環遊世界

在工作上有很大的成就

發生一連串的好事

圓滿離職

壓力突然消失

每天都很快樂

現在

想想最棒的未來是
什麼模樣，別管現實如何，
寫出你的夢想。

一開始先寫「最終的夢想，自己想要的情感」。以下以我自己的筆記為例，我想要的情感是「充滿幸福」，前一步則是「環遊世界」的夢想，再前一個夢想是「在工作上有很大的成就」。寫夢想時，要像這樣從未來向現在倒推，寫出五～十個夢想。

②盡量用不限定內容的詞句來寫夢想

從未來到現在書寫「夢想筆記」時，要忽視現實，排除「證照考試合格→就職→結婚」這種既定步驟，才能引出自己平常沒有意識到的夢想。

如果注意力都放在按部就班，寫出了具體的夢想，就無法靈活運用潛意識替我們準備的機會。

因此，夢想筆記必須盡量以不限定內容的詞句來寫。例如我的最終夢想是「充滿幸福」，這是我在人生最想要的「情感」。至於什麼樣的夢想、地點、人或工作內容能讓我充滿幸福，在筆記裡並沒有限定，重點要放在你的情感。填寫夢想筆記時，原則上要將工作成功、發生好事的具體細節都交給潛意識。

③每個夢想都要好好想像實現時的感受

寫完夢想筆記之後，還有一件事一定要做。請從最終夢想開始，按照順序好好想像「夢想實現時的感受」。這是最重要的一點。一個夢想只要十～三十秒就好。

結束之後就可以闔上筆記本，全程約需要十分鐘。寫夢想筆記可以讓你充分感受夢想實現的滿足感，能量也會隨之上升，接著就能精力充沛地度過一天。

「夢想筆記」基本上須要每天寫。寫出來的夢想可以跟昨天的一樣無所謂。因為寫的時候忽視現實，因此一開始引出自己真正的夢想之後，應該會常常須要修改。

即使是令自己意外的夢想，寫在筆記上之後，也可能會讓你想像實現時的感受。反之，有的夢想無法引發情感。如果情感沒有被引發，或許那就不是你真正的夢想。請在寫下每一個夢想的同時，確認自己的感受。

「夢想筆記」最少要寫一個月，若情況允許，請持續三個月。就像運動一樣，每天訓練，就能在無意識間也做到，讓願望刻在潛意識裡。

持續寫夢想筆記，能感覺到夢想實現時的感受漸漸增強，最後即使不看「夢想筆記」，只要想到自己的夢想，就能感覺到幸福。這就是夢想已經傳達到潛意識的徵兆，這時或許就可以不用再寫「夢想筆記」了。只要夢想和情緒能夠相連，願望就會比較容易實現。

那麼，在哪個時段寫「夢想筆記」最有效果呢？

早上起床之後不久，和入睡之前「意識昏沉」的時間，顯意識與潛意識會混在一起。也就是說，這個時間潛意識會浮現，因此在這兩個時段在潛意識刻下印記是最有效的方法。

雖然早上和晚上都可以，但我個人建議早上寫。早上寫完「夢想筆記」之後，就能過上非常愉快的一天。

每天寫，就能感覺到
夢想正在靠近。

03.

早上用三十分鐘提高一天的士氣，改變人生的晨間習慣

晨間習慣是能讓一天過得舒適的暖身運動。「早上醒來不久」是潛意識仍占優勢的黃金時段。若想讓願望刻在潛意識裡，改變現實，實現夢想，如何度過早晨是十分重要的關鍵。

面對嚴酷的現實，必須提振精神才能面對考驗時，若能養成晨間習慣，找到自己的軸心，就不會再被負面情緒左右。請比平常提早三十分鐘起床，試試看以下五個方法。

①從容起床

以前的我總是睡到快要上班才起床，常常大叫「糟糕，已經八點半了！」沒吃早餐就飛奔出門。這樣會讓能量從早上就下滑。早上要在朦朦朧朧之間從容起床，盡量不要

心煩意亂。

② 發揮想像力，用力握拳

醒來瞬間看到的事物，會決定你當天的心情。若能在枕頭邊放上「豐饒富裕」「今天也很棒」等等字條，在昏昏欲睡時會映入眼簾，這些資訊自然就會進入你的潛意識。

枕邊字條馬上就可以寫好，而且相當有效。請寫出你想要感受到的事物，體驗看看心情的變化。

在起床前，保持仰躺的姿勢，兩手向上舉起，想像自己想要的畫面，握緊拳頭，在心裡告訴自己「好！」「很棒！」「今天也會是最棒的一天！」

我早上的喊話是「很棒！」光是這句話就能讓我的士氣上升。

再搭配一些正向的想像，能量也會更加提升。

③喝自己喜歡的飲料，放鬆一下

我非常喜歡咖啡，每天早上喝咖啡時就是我的幸福時光。請注意，不要因為在意時間而喝得匆匆忙忙，也不要一邊喝一邊滑手機或是準備出門，必須細細品味，好好放鬆心情。

養成這個習慣之後，自然能感覺到身體狀況的細微變化。一邊放鬆，一邊注意自己的能量，就能察覺「今天狀態不錯」「今天不要太勉強」，能量也會更加聚集。

④藉由「夢想筆記」向潛意識發送訊號

放鬆身心提高能量後，請翻開「夢想筆記」，寫出夢想。這個步驟十分重要。

能量上升之後，都能更生動地想像出書寫夢想時的情緒，還有夢想實現時的感受。

須要注意的是，如果太過沉醉於夢想實現時的感受，可能會讓你上班遲到。我就有一次因為這樣而差點遲到。實際試試看，就會發現寫「夢想筆記」真的很開心（夢想筆記的寫法請參照第一六六頁）。

⑤聽音樂，讓全身充滿舒適感

聽自己喜歡的音樂，可以讓情感豐沛，能量也會隨之上升。聽令人舒適的音樂時，顯意識與潛意識也會混合在一起，大腦處於放鬆狀態。

建議各位選一首符合「我想成為這樣的人」的意象的歌曲，每天早上重複聆聽。

順帶一提，我早上聽的樂曲是約翰．帕海貝爾的〈卡農〉，我記得自己想要平穩又富裕的感覺，因此選了這首曲子。像古典音樂這樣沒有歌詞的樂曲，或許比較容易刺激我們發揮想像力。

以上的晨間習慣約需要三十分鐘。只要比平常早起三十分鐘，就能提高能量，保持心情愉快。

當你想要開始一件開創未來的新挑戰，建議也把時間安排在早上。我剛開始經營

Youtube時，是把起床時間再提前三十分鐘，在這段時間拍攝影片。能夠做到這件事，是在我持續晨間習慣，能夠好好利用早晨時光之後。

只要改變早上三十分鐘的行動，就能讓一天過得非常愉快，效果真的很驚人。只要試著實踐一天，就能體驗到舒適感，若能持續一年，人生一定會大幅改變。

今天也很幸福，現在
這個瞬間就是一切。

04.

晚上的睡前習慣讓負面的一天也變得正向積極

不只是早上，「睡前」也是顯意識與潛意識混合在一起，較容易將思考與情緒刻印在潛意識的黃金時段。而且，在睡眠時潛意識會十分活躍，睡前將正向的資訊刻在潛意識中，就能讓它順利成為現實。

不過，如果在潛意識中留下許多白天發生的負面資訊，不僅隔天起床會覺得不舒服，嚴酷的現實也會到來。

進行夜間例行習慣的目的，是恢復白天消耗的能量。工作結束後，就開始準備睡前黃金時段要做的事吧。以下是五個要注意的重點。

①工作結束後，就丟掉負面情緒

以前的我，每天工作結束回家後，就會忍不住生主管的氣，每天晚上睡前都吼著「我要揍扁他」。這句話在我睡眠時進入了我的潛意識，早上起床時，還感覺得到潛意識接收到了許多可以幫助我「揍扁主管」的資訊。

睡前的一句話，就是隔天的「精神標語」，因此我從一早就處於戰鬥模式，一樣的事情不斷重複發生。明明內心想要改變現實卻陷入負面迴圈，也是因為每天睡前的習慣太過糟糕。

直到某一天，我才理解把注意力放在自己的怒氣上，怒氣就會變大。之後我在工作結束後，就會把工作的事情全部忘記。所以請告訴自己，工作結束後就要轉換心情。

②品嚐料理的滋味，好好吃頓晚餐

進食是人類基本的欲望，也是樂趣之一。不過，現在有許多人都沒有好好享受這分樂趣。

我在追逐演員夢時，也受到「一定要～」的束縛，心裡總是想著「我得趕快回家看電影，努力用功」，忘了該好好品嚐食物。

不要看著手機或書隨便吃吃，好好品嚐食物的美味，可以提高你的敏感度，慢慢享用食物，將注意力集中在進食的喜悅上，藉此恢復白天消耗的能量。

③聽音樂放鬆身心，消除一天的疲勞

吃完晚餐就是放鬆時間，建議聽聽讓自己愉快的音樂，療癒疲勞的心。聽的歌曲可以和晨間習慣是同一首，也可以在工作結束後馬上聽些音樂，幫助切換情緒。

之前提過聽音樂時，顯意識和潛意識也會混在一起，大腦呈現放鬆狀態。其實，在浴缸裡悠閒泡澡或冥想時，顯意識與潛意識也會並存。

請好好享受樂趣，放鬆身心，讓自己舒適愉快。

④唸三次積極正向的句子，改變一天的印象

現在你所相信、感覺到的事物，未來就會成為現實，這就是潛意識的法則。因此，即使白天過得負面消極，只要在睡前真實地感覺到「今天過得真不錯！」且成功傳達到潛意識中，就能把消極的一天轉變成積極的一天。

請在感到昏昏欲睡，潛意識慢慢顯現的黃金時段（睡前約三十分鐘），在心裡默唸三次「太棒了」「成功」「幸福」等表現夢想意象的短句。

默唸的時機可以是躺上床之後，也可以是坐在沙發上放鬆時。真心地想著「太棒了」並默唸三次，讓它傳達到你的潛意識，你應該就能感覺到身體深處湧現力量。

⑤握緊拳頭，改變一天的結論

當潛意識聽到你的話語之後，就要進入最後一個階段。這時，我們一樣要使用握緊頭這個姿勢，動作可以跟晨間習慣一樣，仰躺在床上兩手舉高，喊一聲「好！」（「很棒！」也可以），握緊拳頭準備入睡。

刻意做出「雖然我不清楚為什麼，但今天很棒」的結論，並將它傳達給潛意識，潛意識就會接受這分訂單，並根據它創造未來。隔天早上也能在高能量的狀態下起床。

據說在人的意識中，平常使用的顯意識只占約一〇％，睡眠時發生作用的潛意識卻占了約九〇％。我認為，與其用自己察覺到的一〇％來努力，不如向擁有九〇％力量的潛意識許願，願望會比較容易實現。

習慣了這套睡前習慣之後，即使被負面思考困住無法前進，相信也能很快恢復。

壞事都不見！
明天開始又是幸福的
每一天～

05.

月收入多少是你自己決定的，發現這點之後，每個人都能提高收入

想提高收入，但並不順利。相信很多人都有這個煩惱。我也有很長一段時間就是沒有財運。

我的目標是月收入一百萬日幣，至少也想達到五十萬。不過，在餐廳工作時，我的月薪只有二十五萬。若是沒發生奇蹟，要達到月收一百萬根本不可能。不過，從某一天開始，我的財運突然變好了。關鍵在於，我發現自己對月收入的想法其實存在著盲點。

每個人使用金錢的方法都不太一樣，過去的我會在領到「月收入二十五萬」後，先付房租、水電費和信用卡費，再用剩下的錢過生活。需要支付的費用較多時，手頭就比較吃緊，也存不了什麼錢。

當我們用「相信的事物會成為現實」這條創造現實的法則來思考，就會清楚知道收入無法增加的原因。

我堅信「月收入二十五萬」是固定的數字，因此它成為了現實，我也拿不到超過二十五萬的收入。

如果領的是固定薪水，每個人都「知道」收入不會突然大幅增加。因此，即使期望加薪，心底卻覺得「這不可能」。因為你相信了「不可能」，收入就不會增加。這麼簡單的道理，我卻花了很長的時間才弄懂。

這麼說來，只要先除去「月收入二十五萬」這個前提就好。因此我創造了另一個收入來源，就是用APP賣掉家中不需要的物品。光是這樣，一個月就多了二、三萬日圓的副業收入。

當我得到比平常更多的收入，對金錢的盲點就逐漸消失了。

獲得其他收入，讓我打破了「月收入二十五萬」的前提，我想，只要加入「不太清楚為什麼」這個不確定因子，我的可能性應該可以進一步發展。即使我對自己說「不太清楚為什麼，月收入變成了一百萬以上」，這也不會是謊言。

從那之後，我一天會說好幾次，還在心裡默唸，也在「夢想筆記」寫下我的願望。

在我開始經營Youtube之後，月收達到了五十萬日圓，後來也真的超過了一百萬。

只要察覺月收入只是自己擅自決定的金額，每個人就都有機會增加收入。因此，請不要再想著「獲得金錢和增加收入都很難」。你相信的事會成為現實，若覺得增加收入很難，它就會真的很難。

還有，別告訴自己「只有二十五萬月收」，而是要說「月收有二十五萬這麼多」。將注意力放在「擁有」的事物上，不足感就會減輕。金錢就是能量，只要你感覺安心，就會有相當的收入。若你的目標是把月收入提升到五十萬元，那就必須先讓自己的能量提高到能擁有五十萬收入的程度。

我們要做的不是為了追求高收入而換工作，而是改變你對金錢的感受，收入就會跟著進來。

月收有 100 萬，
要買什麼呢？
月收是 25 萬，
這個月……
100 萬
10000
25 萬
10000
250000

06.

想變成有錢人！既然如此，就開始去做有錢人的習慣，然後期待一個月後的效果

「不太清楚為什麼，但我有了一百萬的收入。」

「我愈來愈有錢了。」

若你能夠坦率地自我肯定，那麼以上兩種正向暗示都很有效。不過，若你的心底覺得「不可能」，願望就不會實現。在我們的能量提升之後，「做不到、不相信」等等想法就會慢慢消失。想變成有錢人，必須先讓自己過得舒適，藉此提高能量，但這個方法需要一點時間，我的建議是先在日常生活中試著扮演有錢人。

扮演有錢人時，一定要正確執行角色的說話用詞、思考、行動，否則就沒有效果。以下是特別須要注意的三個重點。

①別再說「我沒有錢」

扮演有錢人時，不能說出「我沒有錢」「買不起」「現在沒辦法」。買不起商品時，不要用「買不起」這種否定句，要使用以自己意志做出判斷的句子，例如「我不買」。

當我們經常思考「如果自己是有錢人，會有什麼樣的行動、說什麼樣的話」，潛意識也會開始相信這樣的思考迴路。

②錢包裡要有錢

錢包裡沒什麼錢，會讓我們覺得「現在買不起」「還是不要買吧」。這種情況反覆發生，就會在潛意識刻下「沒有錢」的想法。若你的錢包裡有一萬元能讓你安心，那就放一萬元進去，這樣每次打開錢包時就會感到安心，能量也會跟著提升。如果沒有錢，可以放百元商店賣的玩具鈔，一樣有效。

我這麼說各位或許很難相信，比起一臉陰沉地說自己「沒有錢」，能把「玩具鈔好好笑」當成一種笑點，其實是很積極正向的。

③偶爾買點奢侈品

舉例來說，假設你平常都在便利商店買巧克力，就要試著想像如果自己是有錢人，會在哪裡購物。偶爾去高級店面購物，體驗一下有錢人的感覺，高高興興地付錢買下商品吧。

當你感受到花錢很開心，潛意識就會開始思考「你可能是個有錢人」。反之，若你花錢時很不開心，潛意識就會認為「你果然是冒牌貨，不是真的有錢人」，而且還會根據你的感受創造出現實。

扮演有錢人這件事，必須持續到潛意識認為「你是有錢人，必須讓你更有錢」，而且開始有所行動為止。

當你的內在足夠充實，就會出現變化的徵兆。快的話或許一個月後就會出現。現在就開始好好期待你的成果吧！

不知道為什麼，但我有了這些收入！
10000

07.

請試著定期回答這三個問題，就能知道你之後能不能變有錢

不論是戀愛、工作還是金錢，你相信的事都會成為現實。由於波動一致法則，你的感受會改變你的能量，進而吸引與能量一致的戀愛、工作與金錢。

戀愛與工作容易受到個人的想法影響，不過，在金錢方面，只要不特別設限，你的能量愈高，就愈容易獲得金錢。

那麼，哪些人日後會變成有錢人呢？請回答左頁的三個問題，大概就能知道答案。看完問題之後，請寫下你設想的答案。

在問題一「一年後，你的月收入會是多少？」中，若是以現在的月收入為基準來回答，代表你相信「自己的月收入已經固定了」，因此這個金額會成為現實。

預測你日後是否能變成有錢人的問答題

問題1 1年後，你的月收入會是多少？

問題2 請回答問題1答案的理由。

問題3 獲得理想的收入之後，你想過什麼樣的生活？

請不要思考太多，按照你的直覺回答。從這分問答題可以看出你與金錢的關係。

若是做出較為正向的預測，例如「應該會比現在多一點，大約五十萬日圓」，代表收入來源還沒有固定，很有可能還會增加。

但若答案是「沒有五十萬就糟了」，表示你可能預計有大筆支出或儲蓄。但是，你對金錢抱有負面的想法，因此無法得到想要的收入。可以說是正在面臨危機。

問題二「請回答問題一答案的理由」，若你的答案是「沒辦法提高收入」，代表你心中是如此相信的，因此它會成為現實。

回答「我也不知道為什麼」「因緣際會」，代表你已經將收入提升的具體步驟交給潛意識，有可能會引發奇蹟，真的變成有錢人。

做不到都是有理由的。但一切都順利時，常常沒有什麼理由。或許「一定會順利」的正面想法，就是人生能擁有幸運的祕訣。

問題三「獲得理想的收入之後，你想過什麼樣的生活？」如果立刻就有具體的想像，且這個想像讓你感覺愉悅，代表夢想與你的能量已經相當接近。

反之，若還無法有具體的想像，代表使用金錢的方式（也就是金錢的通道）還不暢通，因此錢財不會來到你身邊。

平常就想像自己如果有一百萬、一億時要做些什麼，在腦中創造理想的意象，就可以打開你的金錢通道。請定期填寫這分問答題，掌握自己對金錢的想法。

08.

覺得每天都過得很辛苦時，試著使用提昇運勢的道具。介紹我自己也在用的三種開運小物

有許多物品都可以提升運勢，例如護身符、幸運石等等，常有人問我：「那些真的有效嗎？」老實說，我認為是有效的。

重視舒適感，改變自己的內在，進而提升能量是最好的方法，不過，若是無法擺脫負面想法，每天都感覺到疲憊痛苦，借助外力增加讓自己舒適的時間也是一種選擇。

我也嘗試過各種借助外力的方法。以下介紹三種我現在還在使用，可以提升運勢的開運小物活用法。

①在每天使用的手機APP裡寫下自己的夢想

在行事曆、待辦事項等每天一定會看的手機APP裡寫下你的夢想。「變幸福」「變成有錢人」「移居海外」這種短句子就可以

了。每次看到它，你就會體驗夢想實現時的感受。

潛意識無法分辨現實與想像，因此會將刻印得較多的思考與情緒變成現實。這個方法是利用手機幫助我們隨時隨地多想像夢想實現時的感受。

②把自己喜歡的開運小物放進錢包裡

為金錢煩惱時，每次付錢，我都會覺得「我又花錢了」，這時的感受總是很負面。後來，為了在打開錢包時鼓勵自己，我在裡面放了自己喜歡的「龍體文字」護身符。這個護身符現在還在我的錢包裡，只要看到它，心情就會變好。這種小小的習慣，就可以有效提升運勢。

③手機換上自己選的開運桌布

多數人一天都會看到幾十次自己的手機桌布。請把自己的開運圖片放在上面，當成護身符。

圖片可以選喜歡的風景、圖畫、光線、神明，什麼都可以。順帶一提，我喜歡印度的神明，所以手機桌布放的是濕婆神和象頭神。

我之所以要介紹放在手機和錢包裡的開運小物，是因為比起待在家的時候，為了工作或社交出門在外時，碰到討厭的事情而導致能量下降的可能性更高。許多人應該都是這樣的。

這時，若目光所及之處就有能讓你找回自我的物品，就能恢復舒適愉悅的狀態。這個技巧與其說是提升運氣，其實更接近防止能量降低。利用它防止能量降低的同時，學會舒適生活的訣竅，人生就一定會好轉。

不過，覺得開運小物沒有意義的人，用這個方法就不會有效。

當你心中想著：「這都是騙人的吧。會有效嗎？」當然就不會有效。因為效果其實是我們自己賦予它的。

無論是神明、幸運石，還是護身符，如果我們自己沒有賦予它能量，效果就會減半。一定要相信，願望才會真的實現。

讓你感覺舒適愉悅
的東西，就是你的
開運小物！

09.

巧妙利用月分、星期等數字能量，也是一種「回歸零點」的方法

想提升運勢，除了開運小物，還可以巧妙利用星期與數字具有的能量。

在日文中，星期天是日曜日，星期一是月曜日，星期二是火曜日，分別受到太陽、月亮、火星等星體能量的影響。

數字也有能量以及意義，例如「1」代表決定的意志，「2」代表和諧等等。

這種能量與我們自身的能量有契合度，我認為就是因為這樣，我們才會有些日子心情好，有些日子心情不好。看看日記或行事曆，回想一下過去，出乎意料地很容易就能發現「1月狀態都很好，但2月就很低潮」等等狀況。請一定要試著尋找自己的「幸運月」「幸運星期」與「幸運日」。

舉例來說，星期一我都會有好事發生，但星期二就常常過得不太順。因此有重要的事或新工作，我都會安排在星期一。星期二不會排重要的事，把重點放在過得舒適愉悅。另外，我還會在幸運日安排一些新的挑戰。

當我們知道哪些日子能發揮能量，哪些日子不能，就不會再煩惱「現在該做什麼，該不該採取行動」，也不再會被別人的意見影響。

在能量順利運轉的日子，累積幸運的經驗，培養自信。能量較低的日子就不要勉強自己，盡量保持舒適。養成這樣的習慣，對能量的敏感度就會自然上升。這也是讓掉入負面迴圈的人輕鬆「回歸零點」的方法之一。

10.

即使沒做到或無法持續，也不要覺得「自己沒用」。你給自己下的結論會改變現實

在前面的章節中，我介紹了許多「讓現實變得愉快舒適」的方法。相信在眾多方法中，有些你做得到，有些做不到。實際嘗試之後，或許也會有些方法無法持續實踐。

就算是這樣，也請不要認為「我做不到，真是沒用」。

當我們碰到無法理解或無法做到的事，往往會覺得「我真沒用」，但就是這樣的想法，才會讓我們變得沒用。

相反地，無論現實多麼不順利，只要你能覺得「自己很幸福」，那麼幸福就在你的眼前。

其實，做不到也沒關係。「一定要做到」「一定要順利」的想法，才會讓你眼前的現實更加艱難。

本書一直在強調「你現在的感受將成為現實」。你對「現在」的解釋，將會創造未來的現實。請別忘記，「你相信、感受到的事物，會創造現實」。

閱讀本書後，請嘗試你覺得可以參考的建議，不能接受的就別管它。若你現在內心正有煩惱，但讀到這裡卻能笑出聲來，或許「零點」就已經近在你的眼前了。

後記

在本書出版的兩年前，我還在餐廳裡做著普通的工作。真的是作夢也沒想到自己會出書。

我之所以會這麼驚訝，是因為我覺得自己並沒有特別努力。

事實上，在我努力成為演員，現實卻一直沒有改變的那十年間，才真的是拚了命一直在努力。

然而，現在的我住在過去夢想中被大自然環繞的住家，上午就能做完自己喜歡的工作，每天都過得悠閒又充實。

這樣的夢想，都是透過本書介紹的「每天過得舒適愉快」這個方法實現的。

改變的開始是在我還在餐廳工作的時期，在我開始能夠享受日常生活之後。當我的感受從「無聊」轉變為「開心」，許多想做的事也一一出現了。

之後，我只是平靜地做了自己想做的事。也就是說，我能走到現在只是因為我做了想做的事。

當能量回歸到原來的狀態之後，我幾乎不會再想：「要怎麼辦？該怎麼做？」

包括過去的我在內，相信很多讀者都認真思考過「該怎麼做才能改變現實」。不過，停在原地思考是不會找到答案的。

如果已經開始鑽牛角尖，請先休息一陣子。不想做的時候，就試著停下來。想睡的時候，就去睡吧。

請對自己的感受誠實，別再期待什麼，試著調整自己的心情。

想實現重大的變化或夢想，就必須「經常保持身心舒適」。若你的能量能夠回歸零點，就會對過去煩惱的事情感到不解，甚至感到疑惑：「為什麼我會煩惱這種事」「為什麼那時候我沒發現」，覺得過去自己的想法彷彿是別人的記憶。

請試著放下「一定要～」的重擔，疲憊到無法行動時，是無法前進的。一定要先找回自己的精神與活力。

就算讀了這本書，有時你可能還是會覺得自己「應該要努力」，這時，請不要覺得自己沒用。這樣的想法只屬於過去的你，跟未來的你一點關係也沒有。

在你現在身處的地方，讓自己過得舒適，而不是未來。請別忘記，創造現實的力量不在於環境，也不在於他人，而是在你身上。每個人都有屬於自己的時機，變化的速度也各自不同。請回到零點。當你恢復了原本應有的活力，自然就會有幹勁和創意，每天都能過得舒適愉快。

其實，回歸零點就是一一放下過去你以為自己需要的負擔（思考與信念）。

有時你可能會覺得：「現實這麼不順利，光是想著要過得舒服是不是一種逃避？」這時，請你一定要想起來：「現在的感受會成為未來的現實。」

當你把注意力從眼前的現實移開，開始關注自己的內在，人生就會有很棒的發展。你一定會有所改變。

改變現實靠的不是努力也不是氣勢，當你發現「我只要保持現在這樣就好」，現實就會按照你做出的結論改變。

希望各位每一天都能過得舒適愉快。

Kenji

國家圖書館出版品預行編目資料

「零點場」奇蹟：突破困境,找回實現夢想的力量/Kenji著；劉淳譯. -- 初版. -- 新北市：世茂出版有限公司, 2023.12
面； 公分. -- (新時代A；31)
ISBN 978-626-7172-72-8(平裝)

1. CST：成功法 2. 生活指導 3. 潛意識

177.2 112015739

新時代A31

「零點場」奇蹟：突破困境，找回實現夢想的力量

作 者／Kenji
譯 者／劉淳
主 編／楊鈺儀
封面設計／林芷伊
出 版 者／世茂出版有限公司
地 址／(231)新北市新店區民生路19號5樓
電 話／(02)2218-3277
傳 真／(02)2218-3239（訂書專線）
劃撥帳號／19911841
戶 名／世茂出版有限公司 單次郵購總金額未滿500元（含），請加80元掛號費
世茂官網／www.coolbooks.com.tw
排版製版／辰皓國際出版製作有限公司
印 刷／傳興彩色印刷有限公司
初版一刷／2023年12月

ISBN／978-626-7172-72-8
EISBN／9786267172711（EPUB）9786267172704（PDF）
定 價／340元

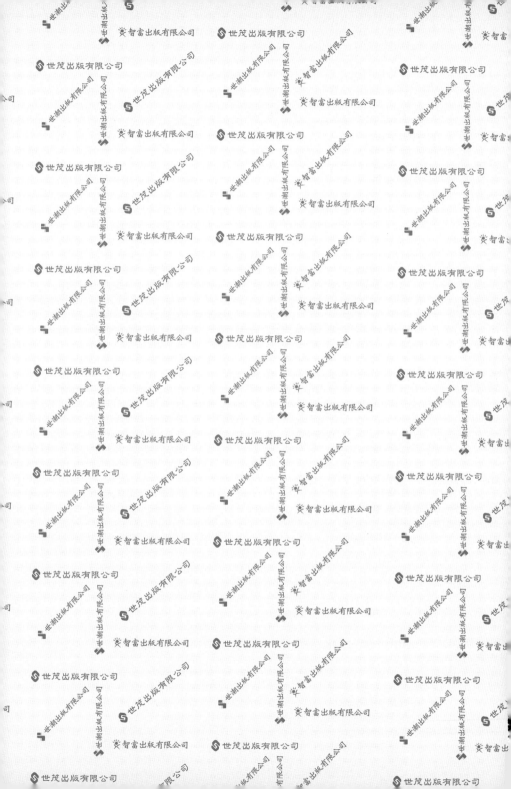